日本語ライブラリー

奈良時代の日本語

沖森卓也
［編著］
澤崎　文
鈴木　豊
森野　崇
［著］

朝倉書店

執　筆　者

沖森卓也*	立教大学名誉教授	［第1・4章］
澤崎　文	早稲田大学文学学術院	［第2章］
鈴木　豊	文京学院大学外国語学部	［第3章］
森野　崇	二松学舎大学文学部	［第5章］

*は編著者

まえがき

現代のことばは、今まさに生きていることばとして絶えず生成されているのですが、その基盤には過去から受け継がれてきた言語の構造と体系があります。この「過去」を遡っていくと、いつにそんな変化があり、この時にあんな現象が起きていたというように、移り変わってきた過程、すなわち歴史を知ることができます。それは、語の発音や意味であったり、表現のしかたであったり、文字の書き方であったりと、さまざまな面に現れています。そして、それらを考え合わせることによって、ある時代に生きた人たちがどのような日本語を話し書いていたのか、どのようにことばが変化してきたのかということを明らかにすることもできます。とりわけ、ある時代の文学や歴史を深く理解するためには、その時代の言語の構造と体系を熟知しておくことが必須であると言えるでしょう。

日本語の歴史はいくつかに時代区分できますが、日本文学や日本史の区分と同じにすることがわかりやすく、裨益することも多いように思われます。そこで、本書では奈良時代、およそ八世紀までの日本語を扱うことにしました。『万葉集』『古事記』『日本書紀』に代表される時代の日本語のほか、それらよりも古い時代の、文献時代以前の日本語も記述の対象としています。そして、文字表記・音韻・語彙・文法に分けて、できるだけわかりやすく、また全体を見渡せるように記述しました。

ことばについてより関心が広がるとともに、古代の、日本語だけでなく文化や歴史に対する理解もさらに深まることを切に願っています。

二〇二四年九月

沖森卓也

目次

第四章　語　　彙　……………………………………［沖森卓也］ 80

第五章　文　法……［森野　崇］118

第一章　概　説

沖森卓也

一．日本語の背景

(一)　日本の位置

日本列島は陸から見れば、ユーラシア大陸東端の沿海沖に位置し、西と北には海を隔ててユーラシア大陸が広がっている。また、海から見れば、太平洋北西の沿海部にあり、南西諸島や小笠原諸島などの南にはオーストロネシア系諸族の島々が点在している。

一万二千年前まで日本列島は大陸と陸続きであったことから、ユーラシア大陸の各地から移り住んだのが縄文人の祖先であったと考えられている。その後、大陸から海を渡って、また、南から海流に乗って、日本列島に住み着く人々がいたとも推測されている。いずれにせよ、文化・文明は、その高い地域から低い地域へと影響が及んでいくのであるから、日本人、そして日本語はかなり複雑な過程を経て形成されてきたものと想定される。

(二)　日本語の系統

世界にはさまざまな言語が話されているが、互いに親密な関係を有する言語もある。複数の言語が発生的に同一であると見なされる場合、同一の「語族」に属するとし、なかでも、さらに緊密な同系関係が認められる言語の集合を「語派」という。比較言語学（comparative linguistics）は言語を比較して、そのもととなった言語（祖語）を解明することを目的とするが、その代表的な語族には、インド＝ヨーロッパ語族、シナ＝チベット語族、オーストロネシア語族、ドラヴィダ語族などがある。

日本語について見ると、日本語の数詞、たとえばミ（数字の三）は高句麗語 *mit（地名表記に「密」が当てられている）と関係があるとか、オーストロネシア語族の mata〈目〉とマ（メの交替形）、ポリネシア語派サモア語の gutu（口）とクツ（クチの交替形）が同源であるとか、特定の語について同系の可能性が指摘されている。しかし、比較言語学から見て、同系と認められる言語は周辺に認められず、いまだに親族関係を証明するに至っていない。近隣の言語では、朝鮮語、アルタイ諸語、ビルマ語、オーストロネシア語族、また近年はドラヴィダ語族など多くの諸言語と比較されてきた。古くから北方説は語頭にr、l音がない、母音調和がある、人称・性・数・格の変化がない、前置詞ではなく後置詞を用いる、修飾語が被修飾語の前に来るなどの特徴が指摘されている。また、南方説は開音節であること、頭子音が二つ以上重ならないこと、人称・性・数・格の変化がないなどの特徴が挙げられている。しかし、現在のところ、その系統は不明であるとしかいえない。

二．文字の伝来

（一）音訳の手法

日本語の歴史は主に言語を記した資料によって知られる。固有の文字をもたなかった日本語は、中国から伝来した漢字漢文によって始めて書記が行われるようになる。漢字伝来以前に日本に固有の文字があったとする、いわゆる神代文字は、後述する上代特殊仮名遣いが反映されておらず、その事実を知らない後代の偽作であることは明らかである。

さて、漢文においては外国語、すなわち中国語以外のことばは固有名詞を中心に音訳された。たとえば、サンスクリット語 Sākya は「釈迦」、mandala は「曼荼羅・曼陀羅」というように音訳された。日本語との関連で見ると、西暦五七年に後漢の光武帝から授けられた金印「漢委奴国王」に、「委」で「わ」（倭国）が、「奴」で「な」（現在の福岡市那の津）が古い漢字音で記されている。日本語が表記された現存最古の資料である。このほか、『魏書』東夷伝倭人条に見える「卑狗」「卑奴母離」もそれぞれ「日子《ひこ》（彦）」「鄙守《ひなもり》」に相当する。国内では四世紀末から五世紀初めに入ると、本格的な漢文作成が始まったと見られ、「辛亥年」（四七一年）の年記をもつ「稲荷山古墳鉄剣銘」などが伝わっている。漢文における音訳の手法が用いられ、人名ヲワケを「乎獲居」、地名シキを「斯鬼」と書き表している。このような音訳は固有名詞だけでなく、普通名詞や付属語、さらには文というように次第に大きな言語単位にも拡大して利用されることになる。こうした、漢字の読みによって日本語の音節表記したものを「万葉仮名」と呼んでいる。万葉仮名には、漢字の音を用いる音仮名と、漢字の訓（後述参照）を用いる訓仮名とがある。平安時代に、この万葉仮名を母胎にして平仮名・片仮名が生み出されることになる。

（二）訓の定着

漢字は意味を有する表意文字である。世界最古のシュメール文字を始め、古くに創出された文字は表意文字であった。このシュメール文字は言語の系統を異にするアッカド語に借用され、アッカド語の意味に充てて用いられるようになった。漢字を日本語の意味に充てて用いる訓の用法である。他国語の表意文字を借用した訓は、自国語を書きあらわす上で非常に有用であり（実際に今日まで日本語では訓を便利に多用している）、自然ななりゆきでもある。古代朝鮮語でも漢字の訓が用いられており、訓の手法が日本語にも導入されたのである。日本で訓が定着しだしたのは、「岡田山一号墳鉄刀銘」（六世紀第三四半世紀以前）の「各田卩」（額田部《ぬかたべ》）の例から見て、六世紀前半から中葉のことと考えられる。その背景には、いわゆる漢文を訓読するということが広く行われるようになったことが挙げられよう。そして、訓を借りて、たとえば「三」「千」の訓を用いてミやチという音節にあてた訓仮名は、七世紀半ばあたりから見られるようになる。

こうして、訓と万葉仮名を駆使できたことから、日本語は漢文的な表記様式だけでなく、漢字と万葉仮名を交えたり、万葉仮名だけで書いたりすることが広まっていった。

（三）文字資料の素材

文字が記される素材には、金属や石（これらに文章を刻んだものを「金石文」という）、木（細長い木の札に記した「木簡」）、そして、紙などがある。古くは「稲荷山古墳鉄剣銘」や「菩薩半跏像銘」（六〇六年）などの金石文が資料となり、木簡は七世紀以降のものが知られる。そして、紙によるものでは、『古事記』（七一二年）、『日本書紀』（七二〇年）、『万葉集』（奈良時代後期）などがその代表的なものである。

三 上代語の範囲と資料

(一) 上代語の範囲

前述したように、国外の資料によって西暦一世紀に日本語の存在が確認される。製作年代の古い資料に記されているのは人名や地名の固有名ではあるが、音韻や語彙などの当時の日本語を知るうえで大きなてがかりとなる。ただ、日本語が西暦紀元前のどこまで遡ることができるかは現段階では明らかにしがたい。

藤原京から平城京に遷都される七一〇年から長岡京遷都の七八四年までを奈良時代と呼び、政治史的に時代区分される。言語史的に見ても、仮名が成立し、音便や形容動詞が発達する平安時代と違って、奈良時代までは漢字だけの使用であり、上代特殊仮名遣いが原則として認められるなど、その内実において両者はかなり異なる。そのため、古典語・古典文化の典型をなす平安時代と、その前の奈良時代までを区分することも多く、特に日本語・日本文学の分野では、奈良時代以前を「上代」と称している。平安時代は平安京への遷都によって始まるとされるが、広義では長岡京遷都の時期を含めることから、上代語の下限は七八四年ということになる。

(二) さまざまな記載様式

上代語の資料を、漢字をどのように用いて日本語を書きあらわしているかという表記様式によって概観しておく。古代中国語の書き言葉である漢文を模倣して日本語の書き言葉は創始されたのであるが、そもそも中国語と日本語は性質の異なる言語であるから、漢文を用いて日本語を書きあらわすことは容易ではない。日本人が書いた漢文には日本語的要素が少なからず混入することは避けがたく、これを「和習(和臭)」という。中国式の漢文を「純漢文」、日本語的要素が混じった漢文を「和化漢文(変体漢文)」と呼ぶが、後者には日本語化の程度によって多様な表記様式が生じている。

純漢文の体裁をめざしたものに『律令』『日本書紀』『藤氏家伝』『唐大和上東征伝』などがあり、漢詩集では『懐風藻』が知られる。このうち、『日本書紀』は音仮名で訓注が施されているように、日本語を基盤として文章が作成されており、巻によって和習の度合いも異なる。万葉仮名で表記された歌謡も所載されている。このほか漢文的な体裁をもつものに、いわゆる「風土記」がある。

上代撰述の五書のうち『常陸国風土記』『播磨国風土記』『豊後国風土記』『肥前国風土記』は相対的に漢文を志向しているが、『出雲国風土記』はかなり和化されている。「風土記」にも音仮名による歌謡・訓注が見られる。

『古事記』は訓を駆使し、日本語の語順に従って漢字を並べることも多く、かなり和化された表記様式である。中には音仮名で語または語の一部を本文中に記す場合もある。歌謡・訓注が音仮名で表記されている。

『万葉集』には、和歌を主として漢字万葉仮名交じり文で記した巻と、音仮名本位で記した巻とがある（題詞・左注は漢文で書かれており、漢文による散文も含まれる。以下丸数字にて巻番号を示す）。音仮名で書かれた和歌は「仏足石歌」、『歌経標式』に見えるほか、木簡にも「なにはづ」の歌など歌謡・和歌が記されたものが知られる。ちなみに、音仮名本位で記された散文資料としては正倉院に二通の万葉仮名文書が残されている。

漢字万葉仮名交じり文の一種に宣命体がある。これは自立語を主として訓で大字で、付属語の類を音仮名によって小字で書き記したもので、『続日本紀』の宣命（正倉院文書にも二詔伝わる）、『延喜式』巻八の祝詞などがその代表的なものである（後者には上代における成立でないものも含まれる）。自立語と付属語という語の分類がすでに意識されていたことがわかる（このような付属語の認識は、『万葉集』⑲四一七六の「毛能波弖尓乎六箇辞欠之」というように、「ものはてにを」が歌にないと注記されていることにも窺われる）。

また、上代の流れをくむ歌謡が『古語拾遺』『琴歌譜』『続日本紀』『上宮聖徳法王帝説』などに見え、これらも上代語の資料として扱うこともできる。

(三) 言語資料としての性質

漢字の訓とは字義に相当するもので、日本語の意味に基づいて和語に置き換えたものである。しかし、その字義が文脈によって相当する和語が異なる場合も少なくない。たとえば、「上」の動詞用法を「のぼる」と読むべきか「あがる」と読むべきか、その文章中においては文脈と深く関わる。したがって、訓は漢字との関係でいえば相対的間接的である。

これに対して、万葉仮名（場合によっては訓借）による音節表記は語を直接に明示するものである。「渠梅」（『日本書紀』巻二四）は文脈上〈米《こめ》〉の意と解され、音韻の上で上代特殊仮名遣いにおいてそのコ「渠」は乙類、メ「梅」は乙類であることが判明する。このように、万葉仮名で書かれた例は上代語として第一次的なものであり、これが最も信頼できる根拠となる。

語を万葉仮名表記した資料は前述のほか、辞書・音義の類にも見える。『和名類聚抄』に引用された『楊氏漢語抄』『弁色立成』は上代撰述の辞書の一種と見られている。『大般若経音義』『新訳華厳経音義私記』や『成唯識論述記』などにも注釈として万葉仮名表記が見える。

四．上代語の特徴

(一) 音韻の特徴

奈良時代までの言語が平安時代のものと異なる点を中心に、その特徴を簡単にまとめておくことにする。まずは、音韻で見ると、いわゆる上代特殊仮名遣いが存在した。これは、キヒミケヘメコソトノヨロ（『古事記』ではモも）とその濁音に二類の区別があったというものである。これらの音節における区別を甲類・乙類と呼ぶ。たとえば、「美」が表す音韻はミ甲類、「未」はミ乙類である。これによって、「加美」（上《かみ》）と「加未」（神《かみ》）は発音の上で区別されたことがわかる。このほか、ア行のエとヤ行のエも区別された。撥音・促音・拗音、および長音は音韻としてまだ認められず、音便も未発達であった。

また、上代特殊仮名遣いによって、母音調和が存在したことも明らかになっている。ア・ウ・オ甲類の母音（これを陽性母音もしくは男性母音と呼ぶ）とオ乙類の母音（陰性母音もしくは女性母音と呼ぶ）とは、ひとつの語（形態素）の内部に共存することがないという法則である（中性母音のイ甲類とはそれぞれ共存する）。また、音節結合にも制限があり、母音だけの音節は語頭に立つだけで、語中・語尾には位置せず、ラ行の音節および濁音節は語頭には立たなかった。連濁は広く行われるという段階になく、語の連接はかなり緩やかであった。高低アクセントであって、奈良時代の中央語のアクセントは平安時代の京都のアクセントとあまり変わらないものであったようである。

(二) 文法の特徴

文法では、動詞は活用も発達していたが、下一段活用はなかった。「ける」という動詞は「くう」という語形で用いられ、下二段活用であった。形容詞は未然形・已然形ともに活用語尾が「け」であり、奈良時代の後半になると已然形活用語尾「けれ」が次第に用いられるようになる。連体形の体言的用法（準体句）はあまり用いられず、また已然形は接続助詞を伴わなくても確定条件を表した。形容動詞はまだ発達しておらず、タリ活用はなかった。感動詞は多種のものが見られるが、接続詞の使用はまだない。

助動詞では、自発・受け身では「ゆ」「らゆ」（可能の用法はない）があり、平安時代に「る」「らる」に取って代わられた。使役も「しむ」が用いられて、「す」「さす」は未発達であった。推量の否定の意を表す「まじ」は「ましじ」という形であった。様態推量の「めり」はまだ見られない。継続の「ふ」、尊敬の「す」（四段活用）があった。

助詞を見ると、格助詞では起点・経由を表すものには「より」があるほか「ゆ」も用いられたが、「ゆり・よ」はかなり古語化していた。連体を表す「の」「が」のほか、「な」は幾分使用されたが、「つ」はすでに古語化していた。接続助詞では、否定の意を含む「で」は奈良時代には見えない。係助詞では「なむ」ではなく「なも」という形で用いられていた。係り結びは奈良時代にはすでに確立されていた。ただし、前記のように形容詞においては、已然形が未発達であったため、「こそ」の結びは連体形（または終止形＋も）であった。終助詞では「かな」ではなく、「かも」が用いられた。間投助詞も上代特有のものが多く、「な」「わ」などがあった。

(三) 語彙の特徴

語彙では、『万葉集』で見ると、日本固有語である和語が用いられ、漢語の使用はわずかである。ただ、これは和歌という非日常語における使用であって、普通の話し言葉でこれと同じであったかは不明である。仏教語や律令用語、また舶来の事物の名称、たとえば遊戯用語や調度品などを中心に、漢語も少なからず用いられていた。和語にも日本固有のものだけではなく、相当古い時期に中国語や朝鮮語から借用したものも含まれており、奈良時代にはすでに日本語の中に定着したものもある。

和語の名詞は一音節もしくは二音節の語が中心であるが、合成語（複合語・派生語）も幅広く見られる。また、擬声語・擬態語（オノマトペ）も古くから発達していた。

(四) 待遇表現の特徴

待遇表現では尊敬語・謙譲語は発達していたが、丁寧語はまだ見られない。「はべり」は謙譲語であって、奈良時代はまだ丁寧語としての用法が未発達であった。天皇などのことばに自敬表現が用いられており、また、他者をおとしめる軽卑語の用法もすでに見える。

五．言葉についての意識

(一) 言霊思想

言葉に精霊が宿るとして言葉の威力を畏れるという考え方、すなわち言霊《ことだま》思想は、世界に共通して見られる。古代日本でもこの言語観に基づいて、幸福、または逆に、災いをもたらす言葉を残している。

是《こ》の神風《かむかぜ》の伊勢《いせ》の国は常世《とこよ》の浪の重浪帰《しきなみよ》する国、傍《かた》国《くに》の可怜《うま》し国なり（『日本書紀』垂仁紀）〈この（神風の）伊勢の国は常住不変の国の幾たびも波の打ち寄せる国、大和の脇の美しい国である。〉

ここでは国を褒めることで、その未来を祝っているのである。また、『古事記』には、ワタツミノ大神が、釣り針に呪いをかけるときの言葉として次のような文句を教えている。

此の鉤《ち》は、おぼ鉤《ち》、すす鉤《ち》、貧鉤《まぢち》、うる鉤《ぢ》（『古事記』上巻）

チは釣り針のことで、この「鉤《ち》」をもった者は、心がふさぎ、たけり狂い、貧乏になり、愚かになるという、まじないの言葉である。言葉に出すことで、実際にそのことが起こるという暗示に古代人は畏敬の念をいだいていたのである。また、言葉に直接言い表すのではなく、別の言葉で言い換えたものに「忌詞《いみことば》」がある。

言霊思想に関連するものに、実名の忌避があげられる。『万葉集』の冒頭を飾る雄略《ゆうりやく》天皇の長歌に、「名《な》告《の》らさね」と、若い女性に名前をいうように求める場面が歌い込められている。これは女性の実名が他人に知られることを忌避し、その本当の名前は実の親兄弟など以外では、夫のみが知りうるものであったからである。つまり、名前を相手に知られるということは結婚を許諾するということになる。このように実名がわからないというのは平安時代も同様で、「紫式部」は「若紫の物語を書いた式部」、「清少納言」は「清原の少納言」というように、一種のあだ名が通り名として用いられたのである。

（二） 諺・語源意識

上代にはすでに諺《ことわざ》も用いられており、「痛《いた》き瘡《きず》には鹹《から》塩《しほ》を潅《そそ》く」「重《おき》き馬荷《うまに》に上荷《うはに》打つ」（『万葉集』⑤八九七）や「堅石《かたしは》も酔人《ゑひ》を避く」（『古事記』中巻）などのことばが残されている。前者は、ひどいことは度重なるということ、後者は、酔っぱらいには近づくなという意で、こうして人の知恵が言い伝えられていく。

「風土記」では地名の由来を記すことが求められており、『常陸国風土記』久慈郡には「うつはた」という一般語についての語源を記述した例も見える。

六. 方　言

主として中央語、しかも貴族や僧侶などの知識階級の言語が資料を通して知られるが、方言、なかでも、『万葉集』⑭東歌《あずまうた》や⑳防人歌《さきもりうた》を通して東国（北海道を除く東日本）の方言が知られる。それは大和地方の言葉とはやや異なった体系をもっていた。たとえば、次の歌は駿《する》河《が》国（今の静岡県）出身の防人によるものである。

知《ち》々《ち》波《は》々《は》我《が》可《か》之《し》良《ら》加《か》伎《き》奈《な》弖《で》佐《さ》久《く》安《あ》例《れ》弖《て》伊《い》比《ひ》之《し》気《し》等《と》婆《ば》
是《ぜ》和《わ》須《す》礼《れ》加《か》祢《ね》豆《つ》流《る》（『万葉集』⑳四三四六）

第二句までは「父母《ちちはは》が頭《かしら》かき撫《な》で」、第三句「さくあれて」は「幸《さき》くあれと」の転、第四句「いひしけとばぜ」は「言ひし言葉《ことば》ぞ」の転、第五句は「忘れかねつる」で、全体の意味は〈父と母が頭を撫でて、元気でいろよといった言葉が忘れられない〉となる。ここでは中央語のオ段の音がエ段の音となり、音韻の対応という点から見て同じ系統の言語体系であって、方言として扱うことができる。東日本と西日本の言語の違いは現代まで引き継がれているが、その対立がすでに奈良時代において確認できる。

このほか、「風土記」などに方言語彙を記した例が見える。

第二章　文字・表記、文章文体

澤崎　文

一．漢字の伝来

(一)　固有の文字はなかった

文字は音声による言葉よりも後に発生するものであり、文字をもたない言語も多い。そして日本には、日本語を書きあらわすための固有の文字が発達していなかったとされている。

日本列島に住む人々が初めに手に入れた文字は、中国大陸からもたらされた漢字であった。そのため、日本で言葉が書かれ始めた時期において、文字を書くことはすなわち漢字を書くことであり、文章を書くことはすなわち漢文を書くことであった。当然ながら、もともと漢字は中国語を書くために作られた文字であり、漢文は中国語を書くために作られた文章である。日本語を書きあらわすにはふさわしくない面や不十分な点もあったが、日本語にはそのほかの文字を選択する余地がなかった。かくして、漢字は日本語の環境に取り入れられた瞬間から、日本語のための文字として少しずつその性格を変化させていくことになる。固有の言語を表す固有の文字をもたなかった日本語は、漢字を固有の言語を表すための文字に作りかえていった。上代日本語の文字・表記の歴史は、日本語が漢字という借り物を我が物にしてゆくまでの歴史なのである。

いま仮に、日本語しか解さない現代日本人と中国語しか解さない現代中国人が漢字を使って筆談しようとしても、容易には成功しない事態が生じるであろう。日本語の表記に使われる漢字は、漢字でありながらすでに中国語の表記に使われる漢字とは性格を変えてしまっているからである[1]。本節では、まず漢字が日本列島へ伝来したその初めから、日本で漢字によって文章が書かれるようになるまでを見ていきたい。

（二）漢字に出会う

日本列島に漢字が伝来した正確な年代はわかっていない[2]。現在、漢字が確実に存在した最も古い証拠のひとつとされているのは、福岡県志賀島《しかのしま》出土の金印である（図2・1）。そこに「漢委奴國王《かんのわのなのこくおう》」と刻まれていることは有名であり、当時日本に百あまりあった「国」のひとつである「奴《な》国」の王に対して、中国の後漢の朝廷が与えたものとされる。この印刻の内容は、中国の史書である『後漢書』東夷列伝の建武中元二年（五七）の条に、「倭の奴国、奉貢して朝賀し、使人は自ら大夫と称す。倭国の極南の界なり。光武　賜ふに印綬を以てす。」（原文は漢文）とある記事と符合する。これにより、一世紀当時には中国から日本へと確実に漢字が伝来していたことがわかるのである。

図2・1　福岡県志賀島出土金印（福岡市博物館ウェブサイト、福岡市博物館所蔵）

　また、中国において一世紀にのみ使われた貨幣も日本で出土している。九州北部を中心として各地の遺跡から出土した「貨泉」がそれである（図2・2）。この貨幣は、前漢を一時奪って新を建国した王莽が、漢代の貨幣に代えて天鳳元年（一四）から鋳造したもので、新が滅んだのち後漢時代の建武一六年（四〇）まで作られた。そのほか、有名な島根県神原《かんばら》神社古墳出土の三角縁神獣鏡は三国時代の元号で「景初三年」（二三九）の銘をもつが、

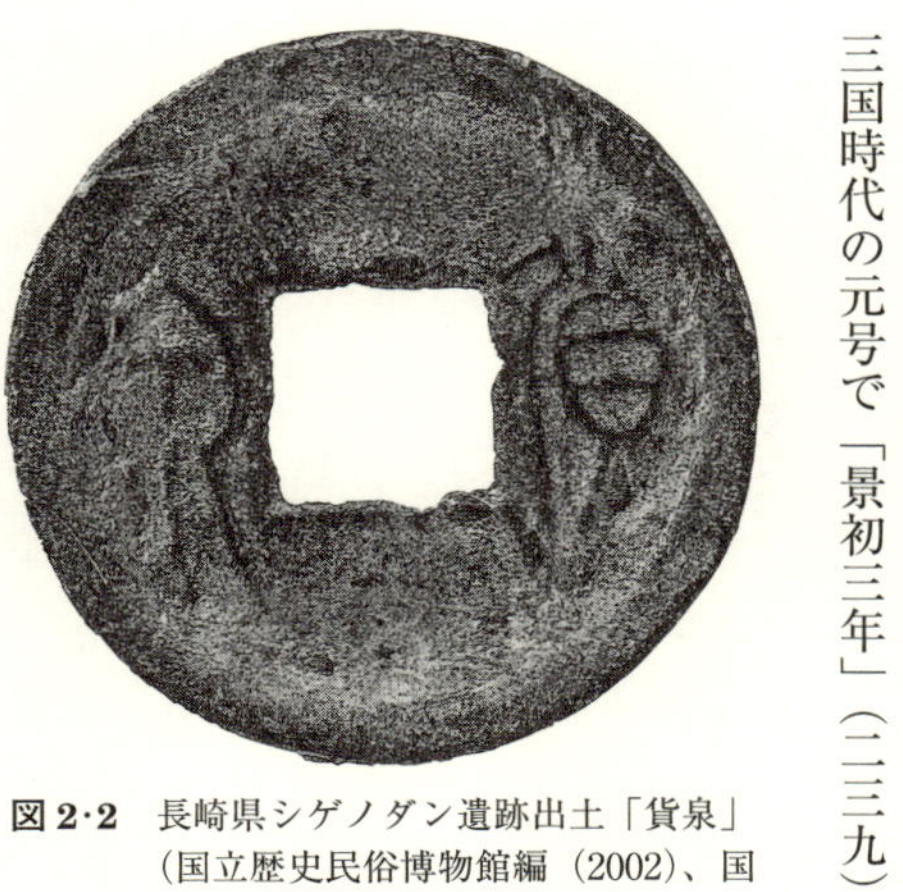

図2・2　長崎県シゲノダン遺跡出土「貨泉」（国立歴史民俗博物館編（2002）、国立歴史民俗博物館所蔵）

このような中国鏡がほかにも各地で出土している。これらは、中国大陸で作られ日本に持ち込まれた文字である。これらを作製した人物は大陸の人間であり、日本列島にもともといた人間ではない。その点では、一世紀以降に日本に漢字が「存在した」確実な例とはなっても、日本で漢字が「書かれていた」例とはなりえない。日本で書かれた漢字の出現はもう少し後のこととなる。

（三） 表語文字としての漢字

ところで、世界の文字をその性質によって分類した場合、漢字は表語文字にあたるとされる。表語文字と対照されるのは表音文字であり、ローマ字や平仮名、片仮名などがそれにあたる。

かつて、漢字は表意文字であると説明されることがあった。表音文字はローマ字（A、B、C…）や平仮名（あ、い、う…）などのように、一字一字が意味をもたず、音素や音節といった音の単位を表す文字であるが、それに対し、漢字のように「花」「歩」「喜」など、一字一字がそれだけで意味をもつ文字を、意味を表すという性格から表意文字と呼んだのである。しかし、漢字は一字一字が意味を表すと同時に、音をも表している。たとえば、「花」は「種子植物の生殖器官」などの意味と同時に、現代日本語ならば「ハナ」や「カ」、現代中国語（普通話）ならば「ホア［$x^{w}a$］」の音を表す。つまりは、一字で意味と音との両方を備えた「語」を表すのが漢字なのである。

発音を表さない純粋な「表意文字」は存在しないと考えられる。たとえば「☺」や「！」などは意味のみを表して特定の発音を示さないといえるが、これらは文字ではなく符号とみなされるものである。このようなことから、漢字を「表意文字」ではなく「表語文字」に分類するのが、現在では一般的になりつつある。

（四） 符号・文様としての漢字

さて、その表語文字である漢字は、いつから日本で書かれ始めたのであろうか。二世紀前半の遺物として、三重県大城《だいしろ》遺跡で出土した高坏の脚の部分と考えられる土器片に、「奉」もしくは「年」とも読み取れるような漢字が一字のみ刻まれたものがある（図2・3）。これが日本で書かれた最古級の漢字だとされることがあるが、そこで問題となるのは、この刻書がはたして本当に「奉」や「年」という言語を表す文字として書かれたのかとい

図 2・3　三重県大城遺跡出土刻書土器「奉」（国立歴史民俗博物館編（2002）、安濃町教育委員会所蔵）

うことである。これがもし仮に「奉献」や「元年」のような文字列で書かれていたとしたら、それらの語を書きあらわしたものである可能性がかなり高くなる。しかし、一字のみ単独で書かれたこの刻書は、「タテマツル」や「トシ」などの語を表そうとして刻まれた可能性も残すが、そうではなく、単に「奉」や「年」の漢字の形状を見てまねをして刻んでみただけかもしれない。その場合、刻書した人間はそこに言語が書かれているという意識が希薄であり、何らかの意味をもつしるしを書いたという点で、この刻書は現代の「☺」や「！」などの符号と同じ機能しかもたないものなのである。

　このような一字のみが書かれた遺物は、福岡県三雲遺跡出土の甕の縁に刻まれた「竟」（三世紀中頃）や、三重県片部遺跡出土の墨書土器に見える「田」（四世紀初頭）など、四世紀頃までにさまざま存在する。しかしいずれも前述の理由で、何らかの言語を表した表語文字としての漢字であると確定できるものではないのが現状である。先に景初三年銘の三角縁神獣鏡が中国で作製され日本列島に持ち込まれたものだと述べたが、こうした中国鏡を模して弥生時代に日本で作製された鏡も出土しており、「仿製鏡《ぼうせいきょう》」と呼ばれている。中には銘文らしきものを備えた鏡もあるが、その文字が左右反対の鏡文字になっていたり、一字だけ位置をとり違えたり、漢字の体裁をなしていないものすら存在する。つまりこのような仿製鏡の製作者は、中国鏡の銘文を何らかの飾りとしての文様としか認識せず、言語を表す文字として理解していなかったということである。確実に言語を表した漢字が日本で書かれたという証拠は、五世紀のものまで待たなければならない。

（五）漢字を書く

埼玉県稲荷山古墳から出土した鉄剣から錆を除く作業の過程で、そこに金文字が象嵌されていることが明らかになった。金文字は鉄剣の表裏計百十五字にわたって漢文で刻まれており、その内容と訓読文は次のとおりである。銘文中の傍線は固有名詞を示すために本章の筆者が施したもので、訓読文の片仮名と対応している（図2・4）。

図2・4　埼玉県稲荷山古墳出土鉄剣銘（小林芳規（一九九八）、埼玉県さきたま資料館所蔵）

【銘文】

（表）辛亥年七月中記乎獲居臣上祖名意富比垝其児多加利足尼其児名弖已加利獲居其児名多加披次獲居其児名多沙鬼獲居其児名半弖比

（裏）其児名加差披余其児名乎獲居臣世々為杖刀人首奉事来至今獲加多支鹵大王寺在斯鬼宮時吾左治天下令作此百練利刀記吾奉事根原也

【訓読】

辛亥年七月に記す。ヲワケの臣。上祖、名はオホヒコ、その児タカリスクネ、その児、名はテヨカリワケ、その児、名はタカハシワケ、その児、名はタサキワケ、その児、名はハテヒ、その児、名はカサハヤ、その児、名はヲワケ。臣、世々杖刀人の首《をさ》として奉事《つかへまつ》り来りて今に至る。ワカタケル大王の寺、シキの宮に在りし時、吾、天下を左治す。この百練利刀を作らしめ、吾が奉事れる根原を記す。

文中にある「辛亥年」は、西暦四七一年だと考えられている。この鉄剣を作製させた乎獲居《をわけ》という人物により、作製の経緯と意図が記されている。文中に「獲加多支鹵《わかたける》大王」という大王名が見られるが、ワカタケルは雄略天皇のことであり、四七一年は『日本書紀』や『古事記』において雄略天皇が治めたとされる時代に一致する。明らかな年代を示す資料として、現時点では最古級の日本で書かれた漢字文ということになる。鉄剣や鏡、石碑のような、金属や石に刻まれたり象嵌された文字を金石文《きんせきぶん》と呼ぶ。五世紀以降、日本ではこういった金石文に漢字を用い、政治に利用していたことがわかっている[3]。

銘文の中に書かれる固有名詞に注目したい。「獲加多《わかた》支鹵《ける》」や「斯鬼《しき》」のように、日本語の人名や地名を漢字の音を使って示している。いわゆる万葉仮名と呼ばれる漢字の用法であるが、このような用い方をする場合、表語文字である漢字はその一字一字がもつ意味を捨象し、表音の機能のみを生かして語の表記に使われる。稲荷山古墳出土の鉄剣銘は、百十五字すべてが表語文字である漢字で書かれているが、その中には「辛亥年七月中記」のように表語的な用法と、「獲加多支鹵《わかたける》」のように表音的な用法とが見られるということになる。

表語用法は漢字の本来的な用法であろうが、表音用法は漢字の二次的な用法といってよい。このように漢字を表音的に用いる方法はもともと中国語にあり、「仮借《かしゃ》」といって中国語以外の言語、特にサンスクリット語で書かれた仏教の呪文や、他言語の固有名詞を表すために使われてきた。初めに示した金印の「漢委奴國王《かんのわのなのこくおう》」に見える「委《わ》」や「奴《な》」も、中国語にとっての他言語である日本語の固有名詞を仮借によって書きあらわしたものである。

また、この鉄剣銘に見られる万葉仮名「獲《わ》」「居《け乙》」「意《お》」「鹵《る》」「斯《し》」「鬼《き乙》」は朝鮮古代資料の『三国史記』の固有名詞に用いられた仮借に共通するものであり、さらに『日本書紀』に引用された古代朝鮮の人名・地名を表した万葉仮名とも一致する。また、「七月中」という表現は、正しい漢文では「七月の一ヶ月間」を意味するが、この文脈では「七月に」と考えなければ意味が通らない。「○○中」を「○○に」の意味で用いる表現は、古代の朝鮮半島における漢文に用例がある。このことから、稲荷山古墳出土鉄剣銘の製作者は朝鮮半島からの渡来人か、その関係者である可能性があり、日本列島にもともと住んでいた民族が漢字を使いこなしていたかというと、これよりもさらに遅かったかもしれない。[4]

二．日本語を漢字で表す

（一）漢文からの逸脱

五世紀に見られた金石文の漢文は、日本列島の固有民族ではない者が書いた可能性もあるが、「七月中」のように正しい漢文から逸脱した表現が一部に見られた。文章全体が正しい中国語として読めるように書かれている純粋な漢文を「正格漢文」と呼ぶが、それに対して、漢文式に書かれていながら正しい漢文から外れた要素をもつ文章を「変体漢文」と呼ぶ。実は「変体漢文」の定義や呼称は研究者によって様々であり、今現在も議論の途上にある。変体漢文が正しい漢文から外れた要素をもつのは、その書き手が中国語ネイティブではないため、自らの母語である日本語の要素がそこに現れていることが主な理由であるが、そもそも変体漢文の中には、初めから中国語文ではなく日本語文を書くつもりで書かれたものも多く存在する。ただし五世紀頃までの金石文には、明らかな日本語文とまで判断できるものは見られなかった。

しかし七世紀以降の資料では、日本語文を書いたと判断できる顕著な例が存在する。早いものでは、「丙寅年」（西暦六〇六年か）の年紀を記した、法隆寺献納で現在東京国立博物館所蔵の菩薩半跏像銘があり、銘文末尾の「作奏也」は「作りまをす」と訓読できて、「奏」を日本語の尊敬の補助動詞「まをす」の表記として用いていることが指摘される。[5]これは正格漢文での「奏」の字には見られず、中国語として読めない用法である。

また、法隆寺金堂の薬師如来像光背銘も正格漢文から逸脱した語法を多く示すものとして知られる。この光背銘は推古天皇の「丁卯年」（＝六〇七年）の年紀があるものの、用語や鋳造技術の面から七世紀後半の作製と考えられており、次のような銘文を有する（図2・5）。

【銘文】（傍線は本章の筆者による）

池辺大宮治天下天皇大御身労賜時歳
次丙午年召於大王天皇与太子而誓願賜我大
御病太平欲坐故将造寺薬師像作仕奉詔然
当時崩賜造不堪者小治田大宮治天下大王天
皇及東宮聖王大命受賜而歳次丁卯年仕奉

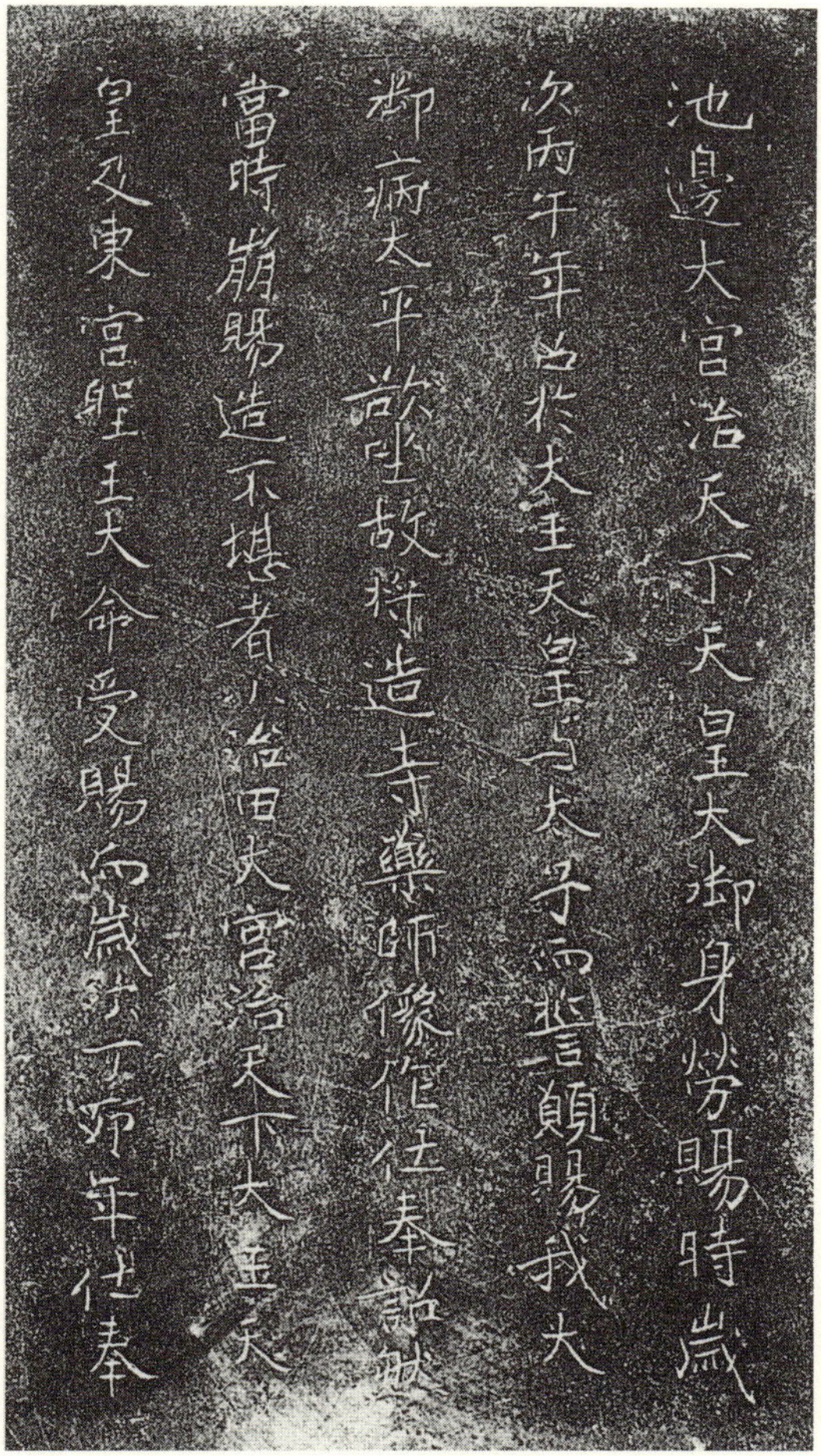

図 2·5　法隆寺金堂薬師如来像光背銘（小林芳規（1998））

【訓読】

池辺《いけのべ》大宮に天下治めしし天皇、大御《おほみ》身《み》労《いたづ》き賜ひし時は、歳《ほし》丙午《へいご》に次《やど》る年なり。大王《おほきみ》天皇と太子とを召して、誓願《ちかひねが》ひ賜ひしく、「我が大御病太平ならむと欲《おもほ》し坐《ま》す。故《かれ》、寺を造り薬師像を作りて、仕奉らむ」と詔りたまひき。然《しか》れども、当時《そのとき》に崩《かむあが》り賜ひて造り堪《あ》へねば、小《を》治田《はりだ》大宮に天下治めしし大王天皇と東宮《ひつぎのみこ》聖王と、大命受け賜りて、歳丁卯《ていう》に次る年に仕奉る。

この銘文の傍線を引いた部分には、「大」「御」という尊敬の接頭語や、「賜ふ」という尊敬語の補助動詞、「仕へ奉る」という謙譲語の動詞があるが、これらの用法は中国語に存在せず、当然ながら正格漢文には見られない。また、「薬師像作」は漢文ならばヲニト会えば返る式に目的語「薬師像」が動詞「作」の後に配置されるはずなので、「作薬師像」という語順にならなければならないが、日本語の「薬師像を作る」の語順になってしまっている。このような表記は中国語ではなく日本語を書きあらわしたものと考えられ、中国語で読もうとしても読むことのできない文章である。変体漢文にはこのように、日本語文を漢字で書こうとして、正格漢文から逸脱した表現を含むものがある。その場合、名称には「漢文」と付いているが、この文章の内実は「漢文」（＝中国語文）ではなく、「日本語文」の要素が見出されるものである。

　薬師如来像光背銘には「薬師像作」のように日本語の語順となっている部分もあるが、漢文の語順で書かれている部分も見受けられる。一行目の「天の下しらしめしし」は「治天下」と書かれ、「治」（しらしめす＝支配する）がその目的語「天下」（あめのした＝全国）の前に置かれて漢文の語順となっているため、日本語文としては返読しなければならない。また、四行目の「造り堪《あ》へず」は「造不堪」と書かれ、打ち消しの助動詞「ず」にあたる部分が動詞「堪ふ」の前に助字「不」として置かれている。

（二）　日本語の語順で書く

　このように、日本語文を漢文式に漢字で書きあらわした文章には漢文と同じ語順で書かれているものもあるが、他方で文章全体を日本語の語順のままに書いたものも見られる。群馬県高崎市にある「山ノ上碑」と呼ばれる石碑には、次のような文章が刻んである。

【碑文】（傍線は本章の筆者による）

辛巳歳集月三日記
佐野三家定賜健守命孫黒売刀自此
新川臣児斯多々弥足尼孫大児臣娶生児
長利僧母為記定文也　放光寺僧

【訓読】

辛巳歳集月三日記す。佐野の三家《みやけ》を定め賜ひし健守命の孫、黒売刀自、此を新川臣の児、シタタミのスクネの孫、大児臣、娶《めと》りて生みし児、長利僧、母の為に記し定める文ぞ。放光寺僧

冒頭に「辛巳歳」とあるのは、西暦六八一年にあたる。この碑文の二行目傍線部は、漢文の語順を保つならば「定」を「佐野三家」の前に書く必要がある。二〜三行目傍線部の「此〜娶」や、四行目傍線部「母為」も、漢文の語順からは逸脱している。このように山ノ上碑は全体的に日本語の語順をとっているが、その一方で日本語特有の部分である「佐野の三家《みやけ》を定め賜ひし」の「の」、

「を」、「め」、「ひし」のような語と語の関係を表す付属語や活用語尾を文字化しなかったり、文末の「也」のような漢文助字を用いたりする点では、漢文式に書いているのである。

このように、日本語文を漢文式に書く場合、語順までも漢文式にする方法と、語順は日本語文そのままに書く方法とがあったようである。ただしこれらは、日本語の歴史の中で必ずしも前者から後者へ変化していったと考えられるようなものではなく、さまざまなバリエーションが同時代的に存在していたと見られる。こういった変体漢文による文章は、中央・地方を問わず各地の木簡にも見られ、当時このような書き方が広く行われていたことが知られる(6)。

(三) 訓の成立

さて、漢字を使って日本語を書きあらわす行為には、訓の成立が前提とされる。ここでいう訓とは、漢字の日本語読みであり、訓の成立とは、ある漢字がもつ意味に日本語のどのような言葉を引きあてるかについての、人々の共通理解が成立したということでもある。たとえば、中国語で「ホア」と発音される漢字「花」が白い花を指して用いられたとして、ある人がそれを見て漢字「花」に「シロ」という訓を引きあてようと考え、そのように用いたとしても、周りの人間が同じように認識していなければ情報を伝えるためにはあまり意味をなさない。ある漢字に対応する日本語がこれであるという認識がある程度人々に共有されることをもって、訓は成立したといえるのである。

とはいえ、上代の漢字と訓との関係は現代のように強く固定されてはおらず、多対多の対応でゆるやかに結びついていたのが実情のようである。一般的に妥当な引きあてだとされ、広く共通理解が得られる訓を特に「正訓」と呼び、正訓をもって用いられている漢字を「正訓字」とも呼ぶ。「正訓」は、引きあての状況が個別的・連想的なものとされる「義訓」に対する用語である。たとえば『万葉集』に見られるような「秋風」に対する訓「あきかぜ」は正訓で、漢籍に用いられる熟語である「金風」に対する訓「あきかぜ」は義訓だと説明されることが多い。しかし、上代の人々にとって何が「正」で何が「義」であったかを現代人の目から見極めることは難しく、その意味では正訓と義訓を区別することの是非が問われる。ここではこのことをふまえ、漢字がその字

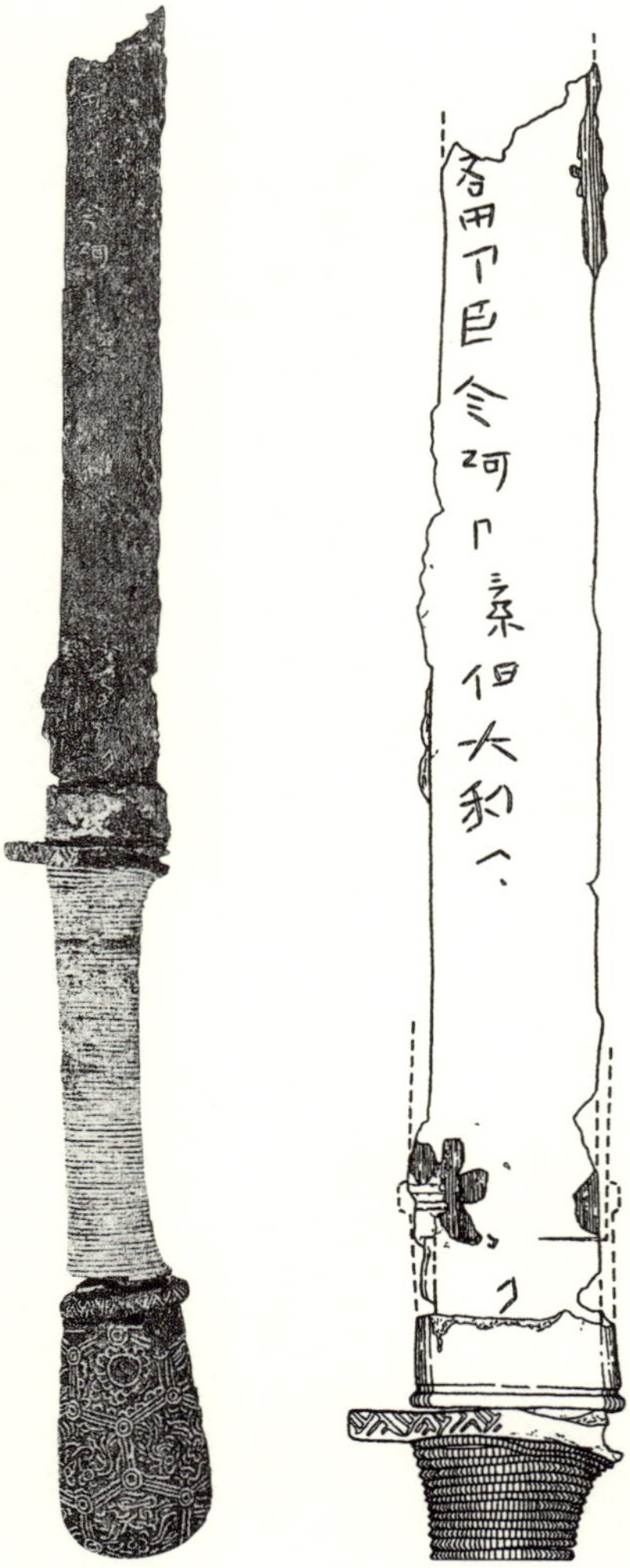

図2·6　島根県岡田山一号墳出土大刀銘（小林芳規（1998）、島根県六所神社所蔵）

義に対応する日本語の和語を表すために使われているとき、それをすべて「訓字」と呼ぶ。「訓字」は正訓字も義訓字も含んで区別しない名称である。

訓は日本語を解する者が漢字を文字として認識しその意味を知った瞬間から、理論的には発生することが可能なはずであるが、漢字を訓読みしていたことを証明する確かな証拠は六世紀後半頃からしか見られない。この時代の島根県岡田山一号墳から、「各田卩臣」という文字が象嵌された大刀が出土した（図2·6）。この文字列は「額田部臣《ぬかたべのおみ》」で、被葬者である在地豪族の名であろうと考えられている。「ぬか」は「額（各）」の、「た」は「田」の、「べ」は「部（卩）」の訓であり、これまで「獲加多支鹵《わかたける》」などが漢字の音を使って日本語の固有名詞を表記していたのに対し、訓が用いられていたことの証左となる。[7]

（四）漢文訓読の発生

さらに、七世紀のものとされる木簡が大量に出土したことで、当時すでに漢文を訓読していたこともわかってきた。滋賀県北大津遺跡から出土した七世紀後半の木簡に、音義木簡と呼ばれるものがある（図2·7）。音義とは漢字典籍に出て来る語句の発音や意味を説明することであるが、「賛」の下に二行割り書きで小さく「田須久《たすく》」と万葉仮名が書かれており、これは「賛」の字の訓が「タスク」であるということを示す。ほかにも「⿰米賣」の下に「久皮之《くはし》」や「誈」の下に「阿佐ム加ム移母《あざむかむやも》」などが同様に見られる。特に「阿佐ム加ム移母《あざむかむやも》」は、「誈」の字が意味する「アザムク」の訓だけではなく、「ムヤモ」という付属語の部分までをも示していることが注意される。この訓は「誈」の文字単独にあてたものではなく、何らかの漢文の文脈の中で用いられた文字の、その文脈上でのよみ方を示していると考えられる[8]。当時すでに漢文訓読が行われていたことがうかがえる資料であり、今後さらに資料が発見されれば、訓の成立や漢文訓読の歴史はもっとさかのぼる可能性がある。

また、文字資料の出土が中央のみならず地方においても大量に報告されたことで、当時の識字層は従来考えられていたよりも広く捉えられるようになった。徳島県観音寺遺跡の七世紀中頃のものとされる『論語』習書木簡はそのひとつである。

子曰　学而習時不孤□乎□自朋遠方来亦時楽乎人不知
亦不慍

これは、杖状の木製品の四面に書かれた墨書の一面である。現在に伝わる『論語』「学而」篇の最初の部分であり、今日「子曰く、学びて時にこれを習ふ。また説《よろこ》ばしからずや。朋あり、遠方より来たる。また楽しからずや。人知らずして慍《うら》みず。また君子ならずやと。」と訓読されているものに似た本文である。これまでも、藤原宮跡出土の木簡から、少なくとも八世紀初めには『論語』や『千字文』[9]が下級官人の間で学ばれていたことがわかっていた[10]が、この木簡の存在により、七世紀中頃には地方にも識字層が広がり、『論語』などの漢文の学習が行われていたことが明らかになった[11]。学習の際にはこれを訓読していた可能性も考えられる。

図2・7　滋賀県北大津遺跡出土音義木簡（木簡学会編（一九九〇）、滋賀県教育委員会所蔵）

（五）中国語から離れた漢字

漢字が日本語を表す文字として用いられる中で、中国語から離れた意味をもつものも数多く見られている。すでに述べた菩薩半跏像銘や法隆寺金堂薬師如来像光背銘の漢字などはそれにあたる。このほか、漢文助字にあたる文字も中国語の本来の用い方ではない例が多く指摘されている。滋賀県西河原森ノ内遺跡から出土した七世紀後半の木簡について、「者」「而」「之」などに漢文にはない用法、もしくは漢文には珍しい用法が見られる(12)。

【翻刻】

椋□〔直カ〕伝**之**我持往稲**者**馬不得故我者反来**之**故是汝卜卩
自舟人率**而**可行也　其稲在処者衣知評平留五十戸旦波
博士家

【訓読】

椋直《くらのあたひ》伝ふ。我が持ち往きし稲は、馬を得ぬ故に、我は反り来たる。故《かれ》、汝卜部《うらべ》、自ら舟人率て行くべきなり。其の稲の在処《ありか》は、衣知評《えちのこほり》平留《へるの》五十戸《さと》の旦波博士の家そ

このうち、「者」は漢文では「あるものを特別に取り立てて示す」意があるが、この文では単に日本語の係助詞の「は」を書きあらわす字になっている。「而」は、漢文では接続詞であるが、日本語の接続助詞「て」を書きあらわす字として用いられる。こういった「者」「而」などの用法は、『古事記』や『万葉集』に多く見られており、変体漢文に多用される文字用法である。また、本来の漢文では指示代名詞にあたる「之」が、「（直）伝之」や「反来之」のように文が終わる句点の位置に用いられている。このような文末の「之」字は漢文では奇用であり、むしろ古代朝鮮半島における自国語風にくずした漢文（日本でいう変体漢文）に多用される。

「之」のように、日本における本来の中国語から離れた漢字の用法には、朝鮮半島の影響が指摘できるものが少なくない。大陸から日本へ漢字文化が伝わる際に、朝鮮半島を経由したことがその理由である。漢文の語順や語法を逸脱した文章は、五～六世紀の朝鮮半島の碑文にも多く見受けられることから、変体漢文は朝鮮半島における漢字文章の影響を受けて、日本でも行われるようになったものであると考えられる。

ほかにも、「鎰」の字は古くから日本で「かぎ」の意味で用いられ、八世紀前半の二条大路木簡にも見られるが、中国では重量の単位の意味をもち「かぎ」の意味は

なかった。韓国慶州市の雁鴨池《あなぶち》遺跡から出土した八世紀の鍵の遺物に「東宮衙鎰」という語句が刻まれていた[13]ことがわかり、漢字の本義と異なる意味用法が古代の朝鮮半島と日本列島とで共通に行われていたことが明らかになった。朝鮮半島の文字文化が日本のそれに与えた影響は少なくないことがうかがえる。

　中国語から離れた文字として、上代資料には日本で独自に作成された国字もすでに見えている。藤原宮木簡に「⿱日下卩」の字が書かれたものがあり、これは「くさかべ」と読むと考えられるが、「⿱日下」は「日下《くさか》」の合字であり、中国にはなく日本で生まれた国字といえる。また、「弱い魚」という意味の組み合わせから成り立つ「鰯」の字も、中国に元々なかった国字であり、平城京跡出土の木簡に見られている。このように、日本の漢字は中国語から離れ、日本語の文字として生まれ変わっていったのである。

（六）　万葉仮名の広がり

　さらに、上代に使われる文字は一貫して漢字のみでありながら、漢字の表音用法である万葉仮名がその用途を徐々に拡大していった。五世紀以降、金石文では固有名詞の表記にしか使われなかった万葉仮名だが、七世紀の木簡資料では固有名詞に限らず用いられる例が見られる。前述の音義木簡もそのひとつであるが、さらに古いものとして大阪府難波宮跡出土の「はるくさ木簡」と呼ばれる七世紀中頃のものがある（図2・8）。「皮留久佐乃皮《はるくさのは》斯米之刀斯《じめのとし》」と全体が一字一音の万葉仮名で書かれ、「春草のはじめの年」と読んで、歌の一部を書いたものであろうとされている。

　このように歌を一字一音の万葉仮名で書きあらわした木簡は多く、ほかにも徳島県観音寺遺跡の「なにはづ木簡」（七世紀後半）と呼ばれる、「奈尓波𠂖尓作久矢己乃《なにはづにさくやこの》波奈《はな》」と書かれたものなどが知られる。これは「難波津

図2・8　大阪府難波宮跡出土「はるくさ」木簡（栄原永遠男（二〇一一）、大阪市教育委員会所蔵）

に咲くやこの花冬ごもり今は春べと咲くやこの花」という歌の一部で、『古今和歌集』仮名序に「うたのちちははのやうにてぞ、てならふひとのはじめにもしける」（歌の中でも父や母のように根源的な存在のもので、手習いの最初に書きもする）として紹介される歌である。このような難波津の歌を書いた木簡は近畿周辺のみならず各地で出土しており、文字を書く練習、もしくは歌を書く練習に使われたか、大きいものは儀式で何らかの役割を担ったかと考えられている。

そのほか、一字一音の万葉仮名で書かれた日本語文として出土する文字は、多くが何らかの韻文である。当時歌を木簡に書き留める場合は、このように万葉仮名で書くことが普通だったのであろう。全体を万葉仮名で書きあらわす文を、韻文・散文問わず万葉仮名文と呼ぶ。上代においてその語形の全体が明らかになる日本語文である。ただし、散文の万葉仮名文と見られる資料は今のところごく少なく、天平七～八年（七三五～六）頃とされる京都府二条大路木簡に「和岐弓麻宇須多加牟奈波阿□／止毛々多□比止奈□止麻宇須」とあるのが「分きて申す、筍《たかむな》は有りとも持たむ人なしと申す。」と解されて早いものである。その次は、第四節で詳述する「正倉院万葉仮名文書」（甲文書・乙文書の二通ある。西暦七六二年以前か）まで待たなければならない。

三．万葉仮名

（一）上代の漢字音

さて、「奈尓波川尓作久矢己乃波奈《なにはづにさくやこのはな》」のように用いられる万葉仮名であるが、そもそも万葉仮名ひとつひとつが担っている音は、何を元にしているのだろうか。これを説明するにあたり、まずは日本における漢字の音読みについてその種類から述べていきたい。

漢字の表す音を「漢字音」というが、同じ漢字でも中国の漢字音と日本の漢字音は異なっている。それは、中国語の発音が日本に伝わって定着していく過程で、日本語で発音しやすいように訛《なま》ったからである。そもそも中国の漢字音は歴史や地域を通して一定だったわけではない。古代の日本語と現代の日本語が音声を異にし、現代日本語の中でも地域によって言葉の発音が異なるように、もしくはそれ以上に、中国においてもその時代や方言によって音声に変化があった。そのため、いつの時代に中国のどの地方からどのように日本へ伝わった音を元にしているかによって、日本漢字音には種類がある。上代の日本には、大きく三種類の漢字音が存在した。中でも、日本で後々まで広く使われるようになったのは、呉音と漢音と呼ばれる漢字音である。

呉音とは、漢音が伝来する奈良時代より早く日本に定着していた漢字音である。中国南方の六朝時代の音が由来といわれることもあるが不明であり、いろいろな由来の音が混在して成立したものともいわれる。後に伝来した漢音との対比で呉音という名称をもって捉えられている[14]。現在の日本語でも特に仏教関係の語には呉音で読むものが多い。「行」「居」の漢字を例にとると、「修《しゅ》行《ぎょう》」の「ギョウ」や、「居士《こじ》」（在家のままで仏教に帰依する男性）の「コ」が呉音にあたる。呉音を用いた万葉仮名には「都《つ》」「泥《ね》」などがあり、『古事記』や『万葉集』のほか木簡などでも多用されて、上代には広く使われている。

漢音は、呉音よりも遅れて奈良時代から平安時代にかけて日本に伝来した中国語音が元になっている。当代の王朝であった唐の都長安で行われていた中国北方の標準音が、遣唐使や留学僧などによってもたらされて、日本漢字音へと定着したものである。「行動《こうどう》」の「コウ」や「住居《じゅうきょ》」の「キョ」が漢音にあたる。漢音を用いた万葉仮名は「都《と甲》」「泥《で》」などがあり、特に『日本書紀』に多く用いられている。

そのほかに、万葉仮名には古音と呼ばれる漢字音を利用したものが見える。稲荷山古墳出土鉄剣銘に見られた、「居《け乙》」「意《お》」は呉音とも漢音とも異なる漢字音である。これら古音は呉音よりもさらに古い音であり、中国北方で二、三世紀に行われていた上古音と呼ばれる漢字音を元として、それが朝鮮半島に定着したのち日本に伝わったものと考えられている。この古音を用いた万葉仮名は、五世紀以降のさまざまな金石文のほか、『日本書紀』に引用されている朝鮮関係資料の固有名詞に使用され、また木簡類にも見られるが、『万葉集』や『古事記』、『日本書紀』の歌謡などには、「乃《の乙》」などを除きあまり用いられていない。以上のように、上代の漢字音には古音、呉音、漢音の三種類があり、それぞれが万葉仮名に利用されていた。

【各漢字音が見られる主な資料と万葉仮名例】

古音……稲荷山古墳出土鉄剣銘などの金石文、『日本書紀』に引用されている朝鮮史料の固有名詞、

木簡

（例）居《け乙》、意《お》、移《や》、里《ろ乙》、乃《の乙》、止《と乙》

呉音……『古事記』、『万葉集』、木簡など

（例）岐《ぎ甲》、都《つ》、尓《に》、泥《ね》、婆《ば》、弥《み甲》

漢音……『日本書紀』

（例）岐《き甲》、都《と甲》、尓《じ》、泥《で》、婆《は》、弥《び甲》

（二）中国語と日本語の音節構造

万葉仮名は日本語の音節を表すために漢字を表音的に用いる用法であるから、中国漢字音を利用して万葉仮名の音とするためには、その中国語としての音を日本語風に作りかえる必要があった。漢字を表音的に用いる仮借の用法はすでに中国にあったと前述したが、五世紀頃に見られた金石文中の、固有名詞を書きあらわす「獲加多支鹵《わかたける》」のような万葉仮名は、この中国語としての仮借の域を出なかった可能性もある。そのような場合には、この表音的用法の漢字は中国漢字音で発音されていたかもしれない。それが、日本語の音節を表すための漢字へと変化していくのである。

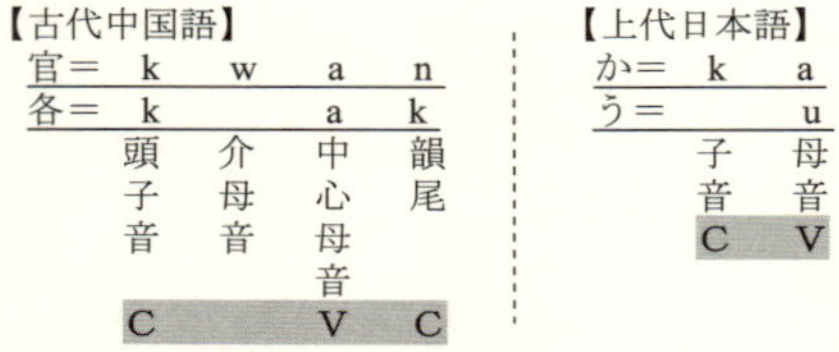

図 2･9　中国語と日本語の音節構造

では、万葉仮名はどのように中国漢字音を表す漢字から日本語の音節を表す漢字へと変化していったのだろうか。それには図2・9のように中国語と日本語の音節構造を比較してみる必要がある。まず、古代中国語の音節は、頭子音－介母音（わたりの半母音）－中心母音－韻尾（子音）という要素から構成され、この順番に並んでいた[15]。そのうち最初の子音部分を声母と呼び、そのほかの部分を韻母と呼ぶ。いま仮に子音をC（Consonant）、母音をV（Vowel）で表すと、頭子音・中心母音・子音韻尾の要素を備えた中国語の音節はCVCとなる。このような子音で終わる音節を閉音節と呼ぶ。古代中国語は、閉音節を有する言語であった。

一方で、上代における日本語の音節は、ひとつの子音とひとつの母音、もしくは母音のみで構成されていた。また、上代日本語には撥音「ン」や促音「ッ」が原則として存在しなかった。そのため、上代日本語の音節はすべてCVもしくはVと表わされる。このような母音で終わる音節を開音節と呼ぶ。

さて、この中国語の閉音節と日本語の開音節という異

なる音節構造を比較したとき、日本語には韻尾にあたるものがなく、音節が必ず母音Vで終わるのに対し、中国語の音節は子音韻尾がある場合、子音Cで終わるという違いがある。中国語の子音韻尾には二種類、計六つがあった。鼻音韻尾と呼ばれるn、m、ŋと、入声《にっしょう》韻尾と呼ばれるp、t、kである。漢字を日本語の音節を表す万葉仮名として用いた場合、これらの子音韻尾は日本語の音節には存在しないものであるため、これをどのように扱うかが問題となる。

（三） 中国漢字音と万葉仮名

子音韻尾をもつ字の扱い方は三種類あった。(16) ひとつめは、文字列の中で韻尾の子音を次の音節の頭子音に重ねる方法である。たとえば「吉多斯比弥《きたしひめ》」のように、「吉」の字がもつ入声韻尾tを、次の「多」の字がもつ頭子音tに重ねる方法で、「吉多」で「キタ」の音を表すため、一見して一字一音節のようだが内実は二字二音節の用法といえる。このようなものを、二字を連合しているので「連合仮名」と呼ぶ。ふたつめは、子音韻尾を切り捨てて母音で終わる音節にする方法である。「安吉《あき》」のように、鼻音韻尾nをもつ「安」を、韻尾を切り捨てて「ア」の音節に使用する方法で、このようなものを韻尾を省略しているので「略音仮名」と呼ぶ。みっつめは、子音韻尾の後に母音を加えて母音で終わる音節にする方法である。「難波《なには》」のように、鼻音韻尾nをもつ「難」の字に、母音iを加えて「ナニ」と読む方法で、一字で二音節を表す用法となる。このようなものを二音節に作りかえているので「二合仮名」と呼ぶ。子音韻尾をもたない「可」の字をそのまま「カ」の音節に使用するような、「全音仮名」と呼ばれるものも含め、漢字音を利用した万葉仮名は次のようにまとめられる。

〈例〉

- 音仮名
  - 一音一字
    - 無韻尾字―全音仮名…「可未《かみ》」
    - 有韻尾字
      - 略音仮名…「安吉《あき》」
      - 連合仮名…「吉多斯比弥《きたしひめ》」
  - 二音一字―有韻尾字―二合仮名…「難波《なには》」

閉音節の漢字を中国語以外の言語音を表すために用いたこれらの方法は、すでに中国におけるサンスクリット語の音写や朝鮮半島の金石文などにおける仮借にも見受けられ、それが日本においても行われたと考えられる。連合仮名の用法は、中国漢字音に特有の要素である子音韻尾を意識しそのまま保存しているといえるが、金石文に見える固有名詞の表記などに多く、八世紀の『古事記』『万葉集』の中では地名などの固定的な表記に見えるのみで、すでに新しく実践はされていなかったらしい。それに対し、子音韻尾を切り捨てたり母音を添加したりして、漢字音を日本風に作りかえた略音仮名・二合仮名の用法は、『古事記』『万葉集』にも多く見られる。さらには万葉仮名の一字一音化が志向され、二合仮名も限定的な語にのみ使用されるようになって略音仮名の使用が増えていく(17)。万葉仮名の内部でも、刻々と漢字の日本語文字化が進んでいたのである。

(四)　訓仮名の発生と利用

前項までに述べてきたのは、漢字の音読みを利用した万葉仮名であった。これを「音仮名」と呼ぶのに対して、漢字の訓読みを利用した万葉仮名を「訓仮名」と呼ぶ。訓仮名の成立は、当然ながら訓の成立がその条件となるが、訓の成立を示す六世紀後半の大刀銘「各田卩臣《ぬかたべのおみ》」から半世紀ほど降って、七世紀中頃もしくは前半の資料に、訓仮名の最古例とされるものが見られる。奈良県伝飛鳥板蓋宮《いたぶきのみや》出土の木簡に、「矢田部」とあるのがそれである。「矢田部」は「ヤタベ」と読まれ、仁徳皇后の八田皇女の名代（領有した集団）であり、ヤタのヤは「多数」を意味する「八」が訓字であるから(18)、「矢」は訓読みを借りた表音用法ということになる。さらに、固有名詞以外を書いた訓仮名も七世紀後半の奈良県飛鳥池遺跡の木簡に見られている。

（表）□止求止佐田目手和〔加カ〕□
（裏）羅久於母閉皮

この木簡は「とくとさだめてわが…らくおもへば」と読んで、歌の一部だと解される。このうち、「田《だ》」「目《め》」「手《て》」は漢字の訓を利用して「定めて」の表記に表音的に用いたものである。

訓仮名は『万葉集』の中に多く使われる。『万葉集』は八世紀中頃の成立で全二十巻あり、長歌・短歌含めて四千首あまりの歌が収載されているが、それぞれの歌の表記はおおむね巻によって異なっている。そのうち訓字を主体として万葉仮名を交えた表記を「訓字主体表記」、一字一音の万葉仮名を主体とした表記を「仮名主体表記」と呼んでいる。それぞれの歌表記の例と、参考までにそれを漢字平仮名交じりにしたものを掲載する。

【訓字主体表記】巻一～四、六～十三、十六
長夜《ながきよ》**乎**《を》於君《きみに》恋乍《こひつつ》不生者《いけらずは》開而《さきて》落**西**《ちりにし》花有**益乎**《はならましを》（『万葉集』⑩二二八二）
〈長き夜を　君に恋ひつつ　生けらずは　咲きて散りにし　花ならましを〉

【仮名主体表記】巻五、十四～十五、十七～二十⑲
安《あ》**乎**《を》**尓**《に》**余**《よ》**志**《し》**奈**《な》**良**《ら》**能**《の》**美**《み》**夜**《や》**古**《こ》**尓**《に》**多**《た》**奈**《な》**妣**《び》**家**《け》**流**《る》**安**《あ》**麻**《ま》**能**《の》**之**《し》**良**《ら》**久**《く》**毛**《も》
見《み》**礼**《れ》**杼**《ど》**安**《あ》**可**《か》**奴**《ぬ》**加**《か》**毛**《も》（『万葉集』⑮三六〇二）
〈あをによし　奈良の都に　たなびける　天の白雲　見れど飽かぬかも〉

万葉仮名の部分のみをゴシック体にして示した。一見して仮名主体表記が音仮名ばかりで書かれているのに対し、訓字主体表記は「長夜《ながきよ》」「於君恋乍不生者開而落《きみにこひつついけらずはさきてちり》」「花有《はなら》」を訓字で、「を」「にし」「ましを」を万葉仮名で書いていることがわかるかと思う。訓仮名はこのうちの仮名主体表記にはほとんど見られないが、訓字主体表記の中へ多彩に用いられ、ここに挙げた二二八二番歌の例にも「西」「益」が訓仮名として使われている。

（五）万葉集の文字法

飛鳥池遺跡木簡の訓仮名には、「田んぼ」や人体の一部としての「目」や「手」の意味はなく、ただ表音的に用いられていた。『万葉集』の訓仮名も多くがそのようなものだが、中には漢字の表音用法である万葉仮名でありながら、表意性を帯びていると思われるものも確認される。

今夜《こよひ》之早《のはやく》開者《あけなば》為便《すべ》乎《を》無《な》三秋《みあきの》百夜《ももよ》乎《を》願《ねがひ》鶴鴨《つるかも》（『万葉集』④五四八）
〈今夜の　早く明けなば　すべをなみ　秋の百夜を　願ひつるかも〉

傍線部「鶴鴨」は、助動詞「つ」の連体形と助詞「かも」を表す訓仮名である。『万葉集』中の「つるかも」に数多く用いられる表記だが、「鶴」と「鴨」という鳥の名が並ぶことは偶然ではなく、漢字の意味が意識された結果であろう。また、次のようなものは遊戯的な表記として「戯書」と呼ばれている。

垂乳根《たらちね》之《の》母《はは》我《が》養蚕《かふこ》乃《の》眉隠《まよごもり》 馬声蜂音石花蜘蟵《いぶせくも》荒鹿《あるか》異母《いも》二《に》不相而《あはずして》（『万葉集』⑫二九九一）

〈たらちねの　母が飼ふ蚕の　繭隠り　いぶせくもあるか　妹に逢はずして〉

傍線部「馬声蜂音石花蜘蟵荒鹿」は、形容詞「いぶせし」と助詞「も」、動詞「あり」、助詞「か」を表す訓仮名である。「馬声」を「イ」、「蜂音」を「ブ」と読むのは、馬の鳴き声、蜂の羽音の擬音語から来ており、「石花」を「セ」と読むのは今日カメノテと呼ばれる生物の別名であって、全体的に生物に関する言葉が並ぶ表記となっている。このように、実用的とは到底いえない技巧的な表記が『万葉集』には少なからず見られるのである。音仮名にも「孤悲《こひ》」の表記で「恋」を表して孤独で悲しい恋を連想させるようなものなどが見られるが、訓仮名には特にこういった技巧的な用法が多い。『万葉集』における訓仮名は、発音そのものが漢字の日本語読みである訓を介しており、使用される環境も訓字が使われて全体に訓読みする文字の多い訓字主体表記に集中する。訓を仲介とする分、音仮名よりも表意性が強くなる傾向があるようである。また、訓仮名には一字が一音節に対応するもの（矢《や》、田《た》など）のほか、一字が多音節に対応するもの（鶴《つる》、鴨《かも》など）、多字が一音節に対応するもの（馬声《い》、蜂音《ぶ》など）、多字が多音節に対応するもの（少熱《ぬる》、味試《なむ》など[20]）のようにさまざまなものがある[21]。

ただし、気をつけたいのは音仮名訓仮名問わず、このような技巧的な表記が上代の万葉仮名の一般的な姿だというわけではない点である。このようなものは文学と言葉に対する当時においても飛び抜けた教養をもつ人々による、『万葉集』という文学作品だからこそ見られる文字法であり、ごく一般的な万葉仮名とはかけ離れていた。一般の万葉仮名はむしろ、飛鳥池遺跡木簡に見られるようなものの方に近かったであろう。そこには言葉の位相差があるのである。

（六）　万葉仮名の位相差

言葉の位相とは、言葉を使う人物の年齢や世代、性別、階級や、言葉が使われる場所、場面、用途などの違いに応じて見られる、言葉の差異のことである。上代語の資料にもそれぞれ異なる場、異なる目的があり、それによって異なる文字の使われかたがある。たとえば、『古事記』『日本書紀』のような資料は、歴史書としての編纂目的があり、後々まで保存する非日常的なものとして、不特定多数の人の目にふれることが想定されたうえで書かれている。『万葉集』も、歌集という違いはあるがそのような性格をもつものである。一方で、木簡や後に示す「正倉院万葉仮名文書」のようなものなどは、多くが日常的で一回的な用途のものであり、荷札やメモや下書き、習い書きなどに使われて、不特定多数の目にふれたり長く保存したりすることはあまり想定していなかったと考えられる。[22]

万葉仮名はその名のとおり『万葉集』にその量も種類も多く見られるものである。しかし前述したように、『万葉集』の万葉仮名は非日常のものとしてある種特別な用い方がされており、当時の日常・一般の万葉仮名とは位相が異なるものである。『万葉集』に見える一字一音の音仮名を主体とした仮名主体表記についてもそれは指摘できる。木簡に見える万葉仮名と比較すると次のようなことがいえる。

【『万葉集』の例】（⑮三六〇二　八世紀中頃成立か）
安《あ》乎《を》尓《に》余《よ》志《し》奈《な》良《ら》能《の》美《み》夜《や》古《こ》尓《に》多《た》奈《な》妣《び》家《け》流《る》安《あ》麻《ま》能《の》之《し》良《ら》久《く》毛《も》
見《み》礼《れ》杼《ど》安《あ》可《か》奴《ぬ》加《か》毛《も》

【木簡の例】
A　皮《は》留《る》久《く》佐《さ》乃《の》皮《は》斯《じ》米《め》之《の》刀《と》斯《し》（大阪府難波宮跡出土、七世紀中頃）
B　奈《な》尓《に》波《は》川《づ》尓《に》作《さ》久《く》矢《や》己《こ》乃《の》波《は》奈《な》（徳島県観音寺遺跡出土、七世紀後半）
C　□止《と》求《く》止《と》佐《さ》田《だ》目《め》手《て》和《わ》□／羅《ら》久《く》於《お》母《も》閉《へ》皮《ば》（奈良県飛鳥池遺跡出土、七世紀後半）

まず、木簡には『万葉集』仮名主体表記にはあまり見られない万葉仮名が使用されている。古音に基づいた「皮《は》」[23]「止《と》」や、草体化していて字源の不明な「川《づ》」[24]、省画による「卩《へ甲》（部）」「厶《む》（牟）」などがそれである。これらは『万葉集』には「止《と》」が数例あるだけでほとんど用いられない。[25] 長期保存が見込まれる非日常的な資料には用いない万葉仮名であったらしい。[26] さらに、木簡には「矢《や》」「田《だ》」「目《め》」「手《て》」といった訓仮名が見えるが、前述のとおり『万葉集』の仮名主体表記にはそれがほとんど見られない。『万葉集』は一字一音の万葉仮名で歌を書く際、音仮名だけを用いるように制限があるようであり、訓仮名は排除されている。非日常的な資料では音仮名と訓仮名が整然と分けられる傾向にある。

また、『万葉集』は清音と濁音に用いる仮名がかなり使い分けられており、「妣《び》」や「杼《ど》」など、濁音節にしか用いない濁音専用仮名があるのに対して、木簡は清音にも濁音にも同じ万葉仮名を通用し、濁音専用仮名をもたない。清濁の厳密な書き分けは、非日常的で長期保存が見込まれるような資料でなければ行われなかったのであろう。

そして、上代特殊仮名遣[27]についても、『万葉集』は全体的に甲乙の違例が少なくよく書き分けられているのに対し、成立時期が早いにもかかわらず木簡は違例が目立つ。A木簡は「刀斯」が「年」であるとすれば、「年」のトは乙類、「刀」はト甲類を表す万葉仮名なので仮名違い、C木簡の「止求」が「疾く」であるとすれば、「疾く」のトは甲類、「止」はト乙類を表す万葉仮名なのでこれも仮名違いとなる。このことについて、上代特殊仮名遣の乱れが従来考えられてきた以上に早くから進行していたことを反映するという説がある。記紀万葉のような記録性や記念性の強い編纂物には、最も正統な表記が採用されることによって甲乙の区別が保たれたが、木簡は一回的な性格の強い書写材料であり、長く伝えることを目指していないという性質上、現実に生じていた甲乙の乱れが反映されやすかったということである[28]。

ここで見たような万葉仮名の種類・清濁の書き分け・上代特殊仮名遣の書き分けについて、『日本書紀』や『古事記』は『万葉集』と同様の傾向をもつ。すでに上代において、記紀万葉のように非日常的で長期保存向きの表記と、木簡や「正倉院万葉仮名文書」のように日常的で一回的な表記という位相差が存在したのである[29]。さらに、平安時代に成立した平仮名・片仮名は「川《づ》」「止《と》」「卩《へ》」や訓仮名を字母とし、清濁や上代特殊仮名遣の甲乙を書き分けない点で、木簡等の位相の万葉仮名と性質を同じくする。平仮名・片仮名の成立過程は詳細がいまだ明らかにされていないが、この点から、日常的な場面で使われる万葉仮名が平仮名・片仮名へつながったと考えられている。

四．上代の文章文体

（一）文体と表記体

「文体」とは、その文章に用いられる語彙・語法、構造の特徴などを含めた言葉のスタイルを指す用語である。後述するが、上代の文体は平安時代以降の「和文体」「漢文訓読体」などといったときの「文体」が指す、文章それぞれの言葉のスタイルという意味では扱いにくい。

そのため表記体をもって文体の分類・説明に代えてきたという事情がある。「表記体」とは、その文章が全体にどのような表記のスタイルで書かれているかという、表記面の様相のみを観点とした用語である。「文体」と比較してあまり広く知られていない用語であるため、以下に現代語を例として少し詳しく説明する。

人が文章を書くときには、その全体にわたってこのような表記を用いる、というような書き方をあらかじめ決めていることが普通である。漢字平仮名交じりとか、漢字片仮名交じりとか、総平仮名で漢字は使わないとかいった全体の書き方を決めて書き始めるということである。たとえば、同じ言葉を漢字平仮名交じりで書くならば「飛び出すな、車は急に止まれない。」となる表記が、漢字片仮名交じりならば「飛ビ出スナ、車ハ急ニ止マレナイ。」となり、さらに平仮名だけならば「とびだすな、くるまはきゅうにとまれない。」となる。漢文風にすべて漢字で書くとすれば、「勿飛出、車不能急止。」とでもなろうか。このような、文章全体にわたる書き方のことを、「表記体」と呼ぶ。

こうした場合、個々の語の書き方はその語によって決まるのではなく、文章全体を書くときに選んだ書き方の枠によって決まる。つまり、禁止の助詞「な」や形容動詞「急に」をどのように表記するかは、「な」や「急に」という語自体について決まっているのではなく、文全体を書く書き方の枠がどのようにあるかによって決まっている。漢字仮名交じりならば「な」「急に」(もしくは「きゅうに」)、漢字片仮名交じりならば「ナ」「急ニ」(もしくは「キュウニ」)、総平仮名ならば「な」「きゅうに」、総漢字ならば「勿」「急」のようにである。

漢字平仮名交じりの表記体の中で「急に」と「きゅうに」のような選択肢があるのは、あくまでも表記体の枠に収まる範囲中での選択ということであり、ここに「キュウニ」が入ってくることは普通はないものである(そう書くことによって、全体の書き方の中で何か特別な意味をもたせる場合にはありうる)。

(二) 上代の表記体

「表記体」を前項のようなものとしたとき、上代日本には大まかに見て次のI~Vのような表記体があると考えられる[30]。i~vはそれぞれの具体例である。

I【正格漢文】

i　古天地未剖、陰陽不分、渾沌如鶏子、溟涬而含牙。（『日本書紀』神代紀）

Ⅱ【変体漢文】

ii　国稚如浮脂而、久羅下那州多陀用弊流之時…（『古事記』上巻）

Ⅲ【漢字万葉仮名交じり文】

iii　長夜乎於君恋乍不生者開而落西花有益乎（『万葉集』⑩二二八二）

Ⅳ【宣命体】

iv　現御神止大八嶋国所知天皇大命良麻止詔大命乎…（『続日本紀』宣命第一詔）

Ⅴ【万葉仮名文】

v　安乎尓余志奈良能美夜古尓多奈妣家流安麻能之良久毛見礼杼安可奴加毛（『万葉集』⑮三六〇二）

iは、正格漢文であり、訓読するとすれば「古《いにしへ》に天地《あめつち》未《いま》だ剖《わか》れず、陰陽《めを》分《わか》れず、渾沌《こんとん》にして鶏子《とりのこ》の如《ごと》く、溟涬《めいけい》にして牙《きざし》を含《ふふ》めり。」のように考えられるが、正格の漢文なので中国語として読むことが可能である。ⅠとⅡとの違いは、Ⅰが正しい中国語文を書く表記体なのに対して、Ⅱが誤った要素を含む中国語文、もしくは漢文式に書かれた日本語文を書く表記体である点であるが、正格漢文と変体漢文はどちらも漢文式に表記する方法をとるため、特に短い文章など見た目のうえでは区別がつかない場合もある。

iiは変体漢文である。「如」「而」など漢文式の表記が見えるが、「久羅下那州多陁用弊流《くらげなすただよへる》」の部分は万葉仮名であり、全体を訓読するとすれば「国稚《わか》く浮ける脂の如くして、くらげなすただよへる時に」のような日本語文を書いたものである。変体漢文と呼ばれるものは、この『古事記』本文のほか、第二節で挙げた法隆寺薬師如来像光背銘や山ノ上碑のようなものも含め、かなり幅があるといえる[31]。

iiiは、「長き夜を君に恋ひつつ生けらずは咲きて散りにし花ならましを」という歌を漢字万葉仮名交じりで書いたもので、このような表記体は『万葉集』の訓字主体表記に見られる。「長夜《ながきよ》」「於君恋乍不生者開而落《きみにこひつついけらずはさきてちり》」「花《はな》有《なら》」は訓字、「乎《を》」「西《にし》」「益乎《ましを》」は万葉仮名で書かれている。ⅡとⅢはどちらも漢文式に書いた訓字を基本とする点で連続的だが、Ⅲのような漢字万葉仮名交じり文は、特に付属語や活用語の語尾部分を中心として万葉仮名表記される点で、Ⅳとも連続的だと考えられる。

ⅳは、「現御神と大八嶋国しらしめす天皇が大命らまとのりたまふ大命を」という宣命（天皇など貴人の命令を伝える文書）を書いた宣命体である。『続日本紀』の宣命がこの表記体で書かれている。主に自立語部分である「現御神《あきつみかみ》」「大八嶋国所知天皇大命《おほやしまぐにしらしめすすめらみことがおほみこと》」「詔大命《のりたまふおほみこと》」が訓字で大きく、付属語部分である「止」「良麻止」「乎」が万葉仮名で小さく書かれるのが宣命体の特徴である。

ⅴは、「あをによし奈良の都にたなびける天の白雲見れど飽かぬかも」という歌をすべて一字一音の万葉仮名で書いた万葉仮名文である。この表記体は記紀歌謡や『万葉集』の仮名主体表記、木簡における歌を書いたもののほか、「正倉院万葉仮名文書」に見られる。

このように、上代語の表記体は大きく五つに分類できる。このうち正格漢文、変体漢文、漢字万葉仮名交じり文についてはすでにふれたため、以下で宣命体と散文の万葉仮名文について説明する。

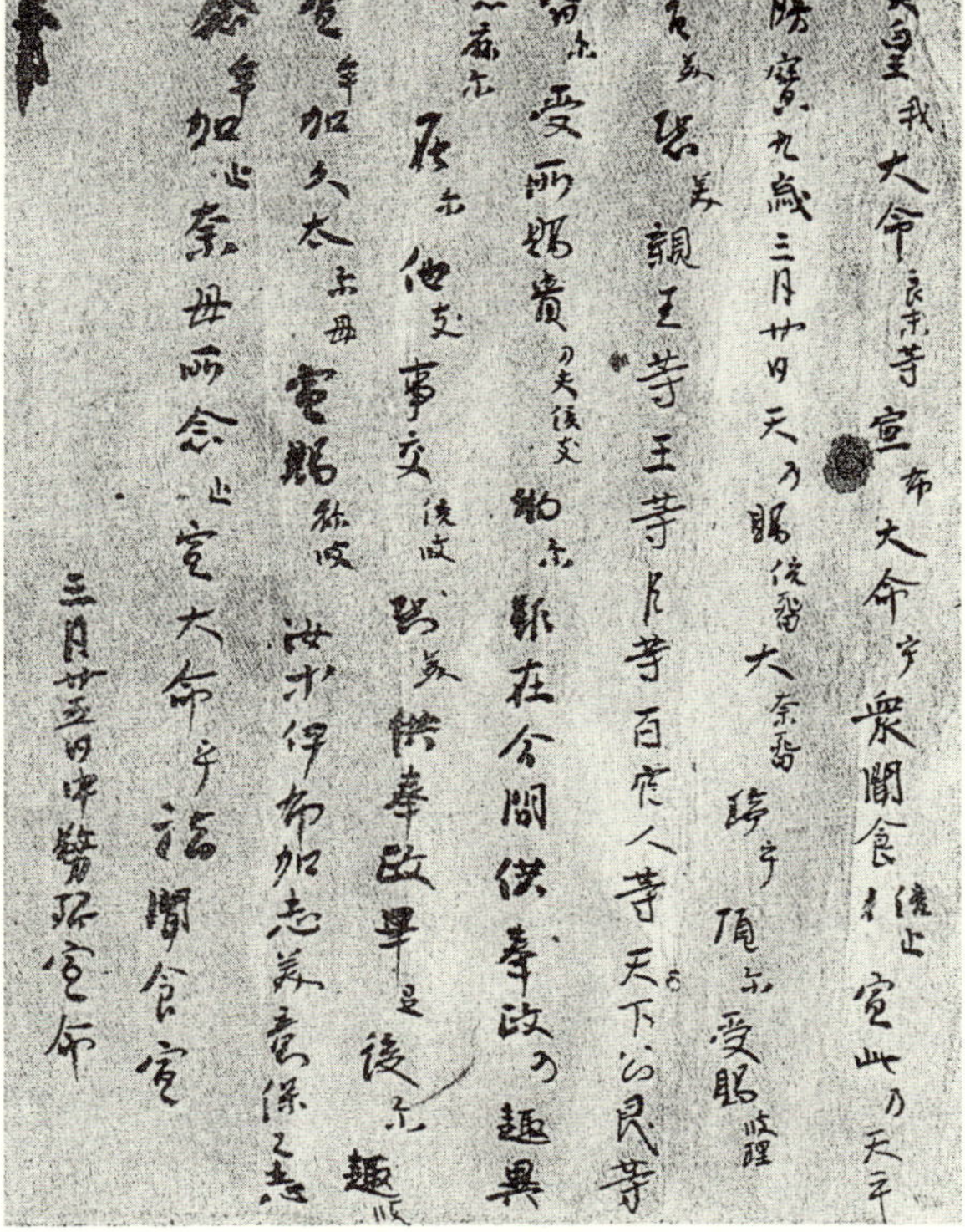

図2·10 正倉院文書孝謙天皇宣命（小林芳規（1998））

(三) 宣　命　体

宣命体とは、広義では勅命を述べる形式の日本語文である宣命に用いられた文体や表記体のことであり、狭義にはⅳの例のように大字と小字で書かれている表記体を指すが、多くの場合は狭義で用いられている。正倉院文書に天平勝宝九年（七五七）の孝謙天皇宣命の転写（図2・10）が納められており、大字小字で書き分けた狭義の宣命体で書かれていることから、上代にすでにこの表記体が存在したことが確認できる。ただし、宣命は必ずしも宣命体（狭義）で書かれているわけではない。藤原宮跡出土木簡には、次のように書かれたものが見つかっている。

（表）□御命受止食国々内憂白

（裏）□止詔大□□（御命カ）乎諸聞食止詔

表は「…御命《みこと》を受けよと、食《を》す国の国の内憂ひ白《まを》さく…」、裏は「…（く）と詔《の》りたまふ大御命《おほみこと》を諸《もろもろ》聞き食《たま》へと詔《の》る」と読む宣命の一部だと考えられるが、付属語部分である「止《と》」「乎《を》」も万葉仮名でありながらすべて訓字と同じ大きさで書かれている。狭義の宣命体である万葉仮名を小書きする表記体のことを特に「宣命小書体」と呼ぶのに対して、万葉仮名部分も訓字と同じ大きさで書く表記体を「宣命大書体」と呼んで区別することがある[32]。宣命小書体は、主に自立語である訓字部分と、付属語や活用語尾である万葉仮名部分という、文章中の性格の異なる語・文字用法を文字の大きさで書き分けて、視覚的に差異を示す表記体であるといえる。

宣命は中務省で文章を起草し、宣命使が読み上げて公布したとされる。代表的な資料である『続日本紀』宣命は、宣命小書体で書かれている。宣命の内容は即位宣命、立后宣命、立太子宣命、改元宣命など、類型的なものが多いため、そこには、「あななふ」（助ける）、「うづなふ」（大切に思う）や「たぶ」（尊敬の補助動詞）などのような特徴的な語彙がよく用いられるほか、「－ずして」「－なかれ」「－ことえず」のような漢文訓読語も多用されている。また、「…のりたまふ大命《おほみこと》を…諸々聞きたまへとのりたまふ」（…がおっしゃる勅命を…皆お聞きなさいとおっしゃる）のような独特の表現が定型化している点も特徴的である。また、宣命以外には祝詞《のりと》も宣命小書体で書かれるが、これも祭祀において神に奏上する言葉であって、声に出して読み上げる文章という特徴がある。

（四）散文の万葉仮名文

純粋な和文体といえる歌をvのように万葉仮名書きするものは、記紀万葉や木簡に多く見られているが、上代には散文を万葉仮名書きするものとしてまとまった資料はほとんどなく、わずかに「正倉院万葉仮名文書」甲・

乙と呼ばれる二通の文書がこれに該当する（図2・11）。

【甲文書】

布多止己呂乃己乃己呂美乃〻美
毛止乃加多知支〻多末卩尓多
天万都利阿久　之加毛与禰波

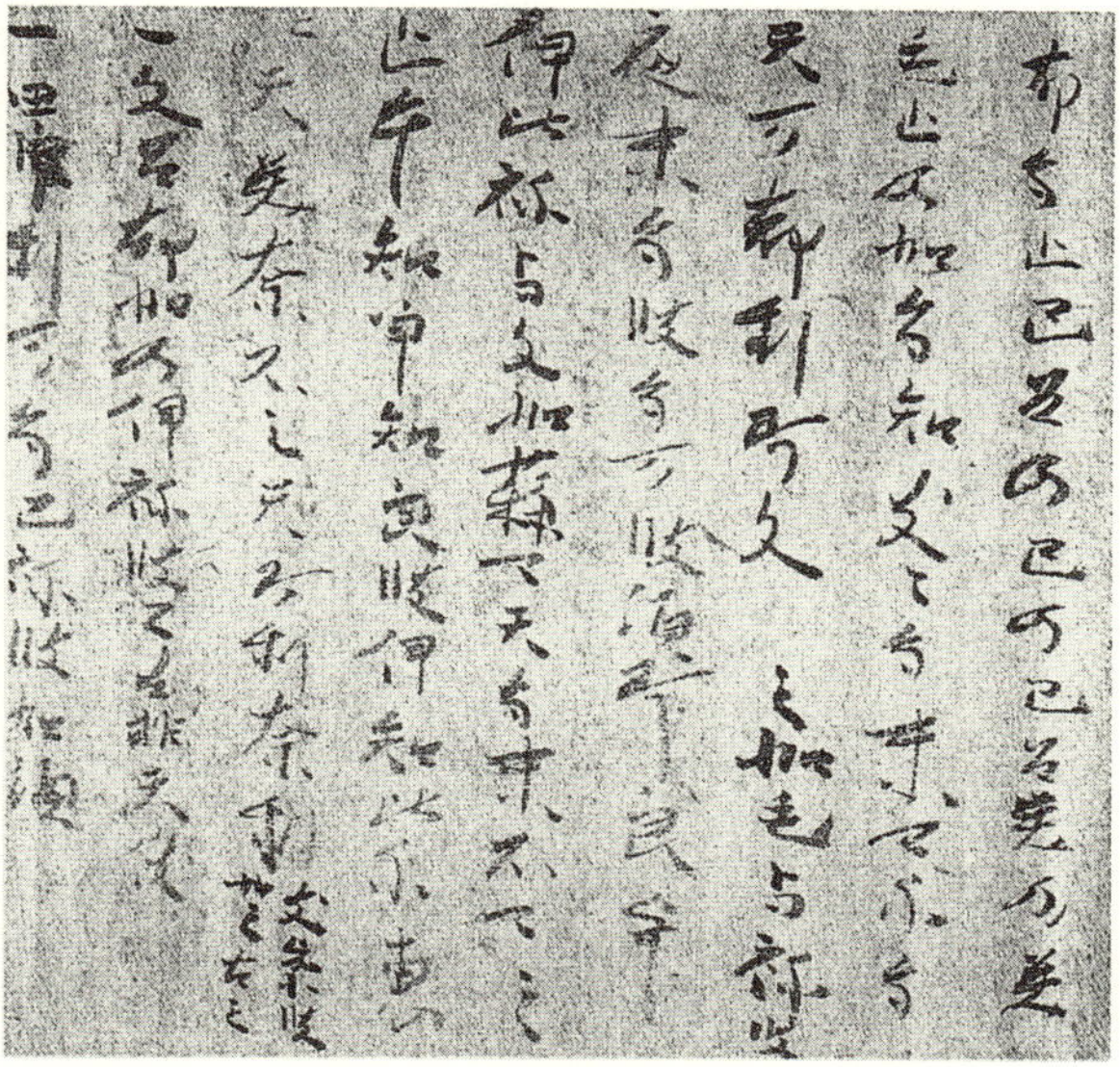

図2・11　正倉院万葉仮名文書　甲（小林芳規（1998））

夜末多波多万波須阿良牟
伊比禰与久加蘇卩天多末不卩之
止乎知宇知良波伊知比尓恵
比天美奈不之天阿利奈利支気波加之古之
一久呂都加乃伊禰波〻古非天伎
一田宇利万多己禰波加須

【漢字仮名交じり文】

二所《ふたところ》の此頃《このごろ》の御身《みみ》
許《もと》の形《かたち》聞き給《たま》へに
奉《たてまつ》り上《あ》ぐ。　しかも米《よね》は、
山田《やまだ》は賜《たま》はずあらむ。
稲《いひね》よく数《かぞ》へて賜《たま》ふべし。
十市《とをち》・宇治《うぢ》らは櫟《いちひ》に酔《ゑ》
ひて、皆臥《みなふ》してありなり。聞けば。恐し。
一、䩤塚《くろつか》の稲《いね》は運《はこ》びてき
一、田売《たうり》まだ来《こ》ねば、貸《か》す

甲文書の翻刻と、それを漢字平仮名交じり文に変えたものを提示した。「正倉院万葉仮名文書」は天平宝字六（西暦七六二）年の年紀がある文書の紙背に書かれていたもので、成立はそれ以降とされる。一行目の「美乃〻

美」は、「乃美美」と書こうとして誤って「美乃美」と書いてしまい、それを訂正したものかと思われる。長期保存が見込まれるような正式な文書であるとは考えにくく、メモや下書きのようなものであった可能性がある。本文を見ると、末二行の一字目「一」と、末行の二字目「田」は訓字で書かれているが、他はすべて一字一音の万葉仮名で書かれている。内容は、何か米や田に関することについてその状況を尋ねるもののようであるが、ある文脈を前提とした個人間のやりとりのように思われ、文意がわかりにくい。

この万葉仮名文について、「一―。一―。」と要件を並べる形式が変体漢文の書き方に類似することや、「たてまつり上ぐ」が変体漢文に多用される「進上」という語の訓読である可能性が指摘されている(33)。この散文は和語のみで構成されており万葉仮名で書かれてはいるが、変体漢文で漢文式に書くときの言葉を想定した内容であると考えられ、歌のように純粋な和文体とは異なる面をもつといえよう。このようなものは、vと同じ表記体ではあるものの、文体は必ずしも同じではない例といえる。歌ではない日本語文を書く場合には漢文式に書くことが正式だった中で、漢文式に文章を書けない、もしくは書きたくない場合には、このように万葉仮名で書くこともできたということになる。

(五)　なぜ上代の「文体」は扱いにくいか

以上のように、上代の表記体を文体に代えて述べてきたが、最後になぜ上代における文体は、語彙・語法を含めた言葉のスタイルという観点で扱いにくいのかについて、説明しておきたい。上代における変体漢文の文章として知られる『古事記』の本文冒頭は左記のように始まる。

天地初発之時、於高天原成神名、天之御中主神…
(『古事記』上巻)

意味としては、「世界が始まったとき、〈高天原〉に出現した神の名は、〈天之御中主神〉であった…」といったような内容だが、実はこの初めの六字だけをとってみても、『古事記』のさまざまな写本・版本や注釈書には定訓がない。いくつか例を挙げれば次のとおりである。

【天地初発之時】
「アメツチノハジメノトキ」「アメツチハジメテヒラク

ルトキ」「アメッチノハジメテヒラクルトキ」「アメッチノハジメテヒラケシトキ」「アメッチハジメテオコリシトキ」「アメッチハジメテヒラケシトキ」「アメッチハジメテアラハレシトキニ[34]」

それぞれ似通ってはいるし、意味するところはほぼ同じであるが、語の選択や助詞の有無、助動詞の読み添えなど、ここに見るだけでもかなり多様であることがわかると思う。

さて、このように書かれた『古事記』の本文について、亀井孝（一九七五）は、これを「ヨメないがよめる」ものだと評している。亀井のいう「ヨム」とは、書かれた言葉を音へと還元することであり、「よむ」とは書かれた情報を理解することである。変体漢文の文章は、たとえば「飛び出すな、車は急に止まれない。」という言葉を「勿飛出車不能急止」と書いたようなものに似ている。このような漢文式の字面を見た人は、そこにどのような日本語文が書かれていると考えるだろうか。「飛び出すな、車は急に止まれない。」という標語を知っている者ならば、そのとおりに「ヨム」かもしれない。しかしそうでなければ、「飛び出すなかれ、車は急止する能はず。」と「ヨム」かもしれないし、「飛び出さないで。車は急いで止まれない。」と「ヨム」かもしれない。自然な日本語ではないが、語順通りに「いけない、飛び出しては。車はできない、急止を。」と「ヨム」かもしれない。伝えている情報にはほとんど違いがなく、情報を理解する（＝よむ）ことは可能であるが、言葉すべての形のありかたを唯一のものに決める（＝ヨム）ことは難しい。『古事記』の本文を読むことに関しても、万葉仮名で書かれている部分以外はそのようなものであったというのが亀井の考えである。

こと『古事記』についてはその書き手の周到な工夫があり、ヨミが唯一に規定できたとする考え[35]もあるが、万葉仮名文と対比させて考えれば変体漢文全般が前述のようなヨミの問題をはらむことは明らかである。つまり、漢字の表語用法で書く限り、日本語文としての語形ひとつひとつを表現の細部に至るまで唯一の形に再現することはできないし、再現することが想定されてもいないということである。そうなると、変体漢文で書かれた文章はどのような語形の言葉がそこに反映されているのか確実にはわからないことになり、語彙や語法の総体がつかめない。正格漢文、漢字万葉仮名交じり文、宣命体についても、多かれ少なかれ同様のことがいえる。文体は「言葉のスタイル」を意味するが、その「言葉」がどのようなものであるか、どのように訓読していたかは、漢字の表語用法で書かれている限り完全に明らかにすることが難しいのである。

(六) 上代文体論の課題

さらにいえば、文体と表記体の選択は相互に無関係というわけではない。たとえば木簡の中でも歌を書いたものが多く万葉仮名文で見られるように、純粋な和文体である歌は普通、iのような正格漢文で表記されることはなかったようである。また、宣命が宣命体で書かれることも、読み上げて示す勅命というその文章の性質と、視覚的に訓字と万葉仮名を文字の大きさではっきり区別させるという表記体の性質は無関係ではないであろう。

ただし、同じ言葉を別の表記体で書くということ自体はあり得ることである。たとえば、『万葉集』中には次のような二首が別々の歌として掲載されている。

相見《あひみて》者《は》千歳《ちとせ》八《や》去流《いぬる》否《いな》乎《を》鴨《かも》我《あれ》哉《や》然《しか》念《おもふ》待公《きみまち》難《かて》尓《に》(『万葉集』⑪二五三九)

安《あ》比《ひ》見《み》弖《て》波《は》千《ち》等《と》世《せ》夜《や》伊《い》奴《ぬ》流《る》伊《い》奈《な》乎《を》加《か》母《も》安《あ》礼《れ》也《や》思《し》加《か》毛《も》布《ふ》伎《き》美《み》末《ま》知《ち》我《が》弖《て》尓《に》(『万葉集』⑭三四七〇)

一方の表記体は漢字万葉仮名交じり文であり、もう一方は万葉仮名文である。両歌とも「相見ては千年や去ぬるいなをかも我や然思ふ君待ちかてに」という言葉を書いたものに違いないが、同じ言葉でもこのように表記体を変換させることが可能であったということである。

また、「正倉院万葉仮名文書」の例のように、万葉仮名文の表記体をとってはいても、そこに反映される言葉が変体漢文のそれと共通するということもあり得る。宣命体についても、口頭で読み上げられたことが想定されるとはいえ、そこには漢文の構文が骨組みとしてあり、口語的な文章とはかけ離れたものだったのではないかと考える向きもある。(36) このようなことから、表記体とは異なるものとしての上代の「文体」や、表記体と文体の関係について議論することは、今後の上代語研究における課題のひとつである。(37)

註

(1) もちろん、中国語の側が日本への漢字伝来当時から刻々とその姿を変えていることもその原因である。

(2)水野正好（二〇〇〇）は、日本への漢字の伝来が「紀元前三世紀までは遡る可能性がある」（二二頁）とする。

(3)稲荷山古墳出土鉄剣銘よりもさらに早い時期の漢字文として、千葉県稲荷台一号墳出土の「王賜」鉄剣銘と呼ばれるものがある。可読部が断片的で年紀がなく、「王」にあたる人物が誰かわかっていないが、五世紀中頃から後半の作製かと考えられている。

(4)同じく「獲加多支鹵《わかたける》」の銘をもち、五世紀後半頃のものとされる熊本県江田船山古墳太刀銘は、末尾に「書者張安也」とあり、「張安」という渡来人によって銘文の製作がなされたと推測されている。

(5)佐藤喜代治（一九六六）による。

(6)東野治之（一九九六）による。

(7)沖森卓也（二〇〇九）による。

(8)小谷博泰（一九八六）による。

(9)梁の周興嗣によって作られたとされる、重複しない千の漢字を用いた詩。中国における手習いの教科書として用いられた。『論語』とともに日本へ伝来したとする記事が『古事記』（応神記）にある。

(10)東野治之（一九七七）による。

(11)菅原・藤川・和田（一九九九）、犬飼隆（二〇一一）による。

(12)犬飼隆（二〇〇〇）による。

(13)木簡学会の一九九六年度研究集会で李成市がこれを報告したということである。犬飼隆（二〇一一）二六頁。

(14)呉音は漢音が伝わる前に日本で行われていた漢字音という意味で、「和音」や「対馬音」とも呼ばれる。

(15)中心母音以外の要素は音節によっては存在しないものもある。また、韻尾には子音韻尾のほかに母音韻尾もある。ここでは日本語の音節との対比のため、子音韻尾をもつ中国語の音節について扱っている。

(16)春日政治（一九八二：一四頁）による。

(17)尾山慎（二〇一九）による。

(18)沖森卓也（二〇〇九）による。

(19)巻十九は正訓字を多く交えた歌も少なくないため、訓字主体表記の巻として分類されることもある。

(20)「少熱《ぬる》」は温度が高くない意味の「ぬるし」、「味試《なむ》」は舐めて味をみる意味の「なむ」からきている。

(21)仮名は一字一音のものを指すという観点から、漢字の訓読みを用いてその本来の意味とは異なる日本語の表記にあてる文字全体を「借訓」と呼び、そのうち一字一音のもののみを「訓仮名」と呼び分ける場合もある。

(22)ただし、木簡のすべてをひとくくりにするべきではなく、そのひとつひとつの資料としての性格や用途を考慮すべきであり、歌が書かれた木簡の中には何らかの儀式に使われたと考えられるものもあるという（栄原（二〇一一）など）。とはいえ、後世まで長く保存することが予定されていたかどうかに関していえば、木簡にはそのような想定はなかったであろう。

(23)犬飼隆（二〇一一）による。

(24)「ツ」の字源には「川」「州」「闘」などの説がある。

(25)大野晋（一九四五）によると『万葉集』巻十八の一部は後世に補修されたということであるが、万葉仮名「止」が使用される箇所は、ほとんどがその部分に該当する。

(26)ただし、「ツ《づ》」「止《と》」は『続日本紀』宣命の小字部分の万葉仮名に多用されている。『続日本紀』宣命は非日常的な資料であろうが、宣命体の小字部分には、「部《へ》」のような訓仮名が見え、清濁の書き分けがゆるいという特徴が見られ、本行に大きな字で書かれる部分とは異なる性格を有していたと思われる。

(27)上代特殊仮名遣については、「音韻」の章を参照。

(28)東野治之（二〇〇八）による。

(29)万葉仮名を含めた上代の文字の位相差については、犬飼隆（二〇〇五）、同（二〇一一）が詳しい。また、正倉院文書を対象に文字の位相差の観点で研究を行った桑原祐子（二〇〇五）も参考になる。

(30)表記体の分類は沖森卓也（二〇〇〇：八三）を元にしたが、一部名称を変更した。

(31)漢文式に日本語文を書いたもの、という観点のみを重視すれば、ii〜ivをすべて変体漢文に分類するという考え方もある。

(32)宣命大書体とiiiの『万葉集』訓字主体表記（漢字万葉仮名交じり文）は表記原理が似通っているが、沖森卓也（二〇〇〇：一〇六）は訓字主体表記に訓仮名が多く混じることをもって宣命大書体と区別する。

(33)奥村悦三（二〇一七）による。奥村によれば、甲文書の「稲」や「米」にしきりに言及するという内容面でも、変体漢文で書かれた解《げ》（上申文書）に通じるところがあるという。

(34)訓は順に訂正古訓古事記、延佳本、寛永版本・兼永筆本、道果本（以上『校本古事記』による）、日本思想大系、日本古典文学大系、新編日本古典文学全集による。

(35)小林芳規（一九八二）が代表的なものとしてある。

(36)奥村悦三（二〇一七）による。

(37)表記体を文体と区別して捉えることについては、乾善彦（二〇一七）がその考え方の有用性を述べている。

参考文献

乾　善彦（二〇一七）『日本語書記用文体の成立基盤』塙書房

犬飼　隆（二〇〇〇）「木簡から万葉集へ――日本語を書くために――」平川南編『古代日本の文字世界』大修館書店
犬飼　隆（二〇〇五）『上代文字言語の研究　増補版』笠間書院
犬飼　隆（二〇一一）『木簡による日本語書記史　2011年増補版』笠間書院
犬飼　隆（二〇一七）『儀式でうたうやまと歌』塙書房
大野　晋（一九四五）「萬葉集巻第十八の本文に就いて」『国語と国文学』二二-三
沖森卓也編（一九九一）『資料日本語史』桜楓社
沖森卓也（二〇〇〇）『日本古代の表記と文体』吉川弘文館
沖森卓也（二〇〇九）『日本古代の文字と表記』吉川弘文館
奥村悦三（二〇一七）『古代日本語をよむ』和泉書院
尾山　慎（二〇一九）『二合仮名の研究』和泉書院
春日政治（一九八二）『春日政治著作集1　仮名発達史の研究』勉誠社
亀井　孝（一九七五）『日本語のすがたとこころ　二』吉川弘文館
亀井孝、大藤時彦、山田俊雄編（二〇〇七）『日本語の歴史2』平凡社
桑原祐子（二〇〇五）『正倉院文書の国語学的研究』思文閣出版
小谷博泰（一九八六）『木簡と宣命の国語学的研究』和泉書院
小林芳規（一九八二）「古事記訓読について」『日本思想大系　古事記』岩波書店
小林芳規（一九九八）『図説　日本の漢字』大修館書店
国立歴史民俗博物館編（二〇〇二）『古代日本　文字のある風景』朝日新聞社
栄原永遠男（二〇一一）『万葉歌木簡を追う』和泉書院
佐藤喜代治（一九六六）『日本文章史の研究』明治書院
佐野　宏（二〇一五）「萬葉集における表記体と用字法について」『国語国文』八四-四
菅原康夫・藤川智之・和田萃（一九九九）『徳島県埋蔵文化財センター調査概報　第2集　観音寺木簡』解説
東野治之（一九七七）『正倉院文書と木簡の研究』塙書房
東野治之（一九九六）『長屋王家木簡の研究』塙書房
東野治之（二〇〇八）「飛鳥時代木簡と上代語」『橿原考古学研究所論集』一五
水野正好（二〇〇〇）「日本に文字が来たころ-出土文字が語る古代-」平川南編『古代日本の文字世界』大修館書店
木簡学会編（一九九〇）『日本古代木簡選』岩波書店

引用した資料の本文・訓読はそれぞれ以下によった。

【稲荷山古墳出土鉄剣銘・法隆寺金堂薬師如来像光背銘・山ノ上碑】沖森卓也『日本語の誕生―古代の文字と表記―』（吉川弘文館　二〇〇三年）、【記紀万葉】新編日本古典文学全集、【後漢書】渡邉義浩ほか編『全譯後漢書』（汲古書院二〇一六）、【正倉院万葉仮名文書（甲）】小松成美『かな―その成立と変遷―』（岩波書店　一九六八）、【続日本紀宣命】北川和秀『続日本紀宣命　校本・総索引』（吉川弘文館　一九八二）、【木簡】〈翻字〉奈良文化財研究所「木簡庫」（https://mokkanko.nabunken.go.jp/ja/）二〇二〇年八月一六日閲覧、〈訓読〉『上代木簡資料集成』（おうふう）。

第三章　音　韻

鈴　木　　豊

文献に残された奈良時代の言語は、地域的には奈良を中心とする畿内の方言、社会階層から見ると王族・貴族など上層の言語を反映するものであり、音韻史研究の中心となる万葉仮名は大部分が韻文を表記するために用いられている。識字層は皇族・高級官吏・僧侶やそれらの人々と交渉をもった下級官吏・写経生・舎人や史など限られており、上代の日本語を記録したのは祖先を中国大陸にもつ帰化人（渡来人）系の人々であったと考えられている。彼らは中国語と日本語の両方を操る二重言語生活を送っていたと考えられ、自身が身につけていた中国語の漢字音によって日本語を書きあらわしたのである。七世紀の東アジアは動乱の時代であり、朝鮮半島、特に百済から多くの人々が日本に逃れてきた。その中には王族・貴族階級の人々をはじめとした識字層の人々が多く含まれており、日本の律令国家作りに大いに貢献したと

はじめに

奈良時代の日本語（畿内方言／中央方言）は平安時代以降の日本語の歴史的研究と文献時代以前の日本語の歴史的研究（日本語の比較言語学的研究／日本語系統論）の双方の出発点に位置している。奈良時代に存在した文字は漢字しかなく、日本語とくに音韻史の研究資料となるのは万葉仮名である。万葉仮名は程度の差こそあれ中国語原音に基づく漢字の仮借《かしゃ》用法である。従来『古事記』『万葉集』の万葉仮名は呉音に基づき、『日本書紀』のそれは漢音に基づくと位置づけられてきたが、森博達は『日本書紀』α群の仮名が唐代北方音の原音に拠っていることを明らかにした。これはα群の仮名が中国人一世による対音資料であることを示したことにほかならない。一方、森はβ群については「倭音」に拠るとして従来からの見方を大きく変えることがなかった。

考えられている。『新撰姓氏録』(八一五成立)は京および畿内に住む一千百八十二氏をその出自により「皇別」「神別」「諸蕃」に分類しているが、そのおよそ三分の一が「諸蕃」に分類されており、帰化人の勢力がなお大きかったことを知ることができる。

上代語の文献資料に書きとどめられた日本語は、奈良時代の奈良地方を中心とする、中央貴族階級の言語である。奈良時代の音韻史研究の資料は日本語を表音的文字で写した文献、具体的には漢字の仮借の用法で日本語を写した万葉仮名資料がその中心となる。仮借は漢訳仏典中の梵語の音訳をはじめ、中国の周辺言語の固有名などの表音的表記法として、漢字が日本に入ってくる以前から行われていた写音法である。朝鮮半島において仮借の用法がすでに行われており、帰化人たちはそれを応用して日本語を記したと考えられる。万葉仮名のうち音仮名については、その漢字の中国語原音がわかれば、それに基づいて日本語の発音を推定することができる。日本語の音節構造は中国語のそれに対してはるかに単純なCV構造であったため、精密な音声の復元が可能となる。

日本漢字音の古層は推古期(六世紀末~七世紀初)の遺文に残る古音、仏典に反映する呉音であるが、その後遣唐使の往来などによって漢音がもたらされた。日本の漢字音は隋・唐時代の中国語の発音を基礎としているが、この時代の中国語音である中古音は『切韻』などの韻書や『韻鏡』などの韻図などが残されていることもあり、かなりの程度正確にその音声を復元することが可能となっている。『日本書紀』(養老四年、七二〇)の万葉仮名が新来の唐代音に基づいているのに対し『古事記』(和銅五年、七一二)・『万葉集』(八世紀後半)の万葉仮名は呉音系統の字音に基づいている。近世国学者の漢字音研究をはじめとする万葉仮名の音価の推定作業は中国中古音の研究と表裏一体のものであった。上代特殊仮名遣いの発見にはじまり、その音価の推定を中心として、上代語の音韻に関する研究はめざましい成果をあげてきたといえよう。橋本進吉の研究以来、上代特殊仮名遣いの存在によって上代日本語の母音は八母音体系であると考えるのが通説となっていたが、松本克己(一九七五)によって五母音体系説が提出され、その後母音体系の音韻論的解釈に種々の説が現れ、現在に至るまで未解決の問題となっている。一方、森博達による一連の研究(『日本書紀』α群原音依拠説)によって中国中古音による音仮名の音価推定をより厳密に行うことが可能となった。

森の研究は『日本書紀』の執筆者の特定、さらには成立論に及び、言語研究以外の学問分野にも影響を与えている。

一．研究方法と資料

万葉仮名のうち、音仮名の発音は中国語（原）音に基づいている。そのため、上代日本語の音韻研究には言語学・日本語学だけではなく、中国語音韻学に関する知識が必要となる。韻書・韻図から隋唐時代の漢字音がかなりの程度明らかにされており、そこから万葉仮名の音価を推定することが可能である。

八世紀に成った『古事記』『日本書紀』『万葉集』の歌謡を記した音仮名が研究資料の中心となる。いずれも原典は現存しないが、音仮名は成立時の姿をよくとどめているものがほとんどであり、資料的価値が高い。特に『日本書紀』のα群の諸巻の仮名は唐代長安音に基づいていると考えられ、当時の日本語音声を知るための最重要資料である。

一方、文献に拠らずに奈良時代以前の日本語の姿を探る研究として近代以降盛んだった比較言語学的研究（日本語系統論）は行き詰まりの様相を呈していたが、近年新たな取り組みも始まっている。また、日本語史の研究には日本史学・考古学・分子人類学（遺伝進化学）などの研究成果を参照すべきであるが、本章ではその一部を参照するに留まらざるをえなかった。

上代日本語の母音について、その音価の推定は森博達の研究により、音韻論的解釈については松本克己の研究を進展させる可能性を中心として記述する。

（一）研究方法

上代語の音韻に関する未解決の問題のうち、最大のものは上代特殊仮名遣いであり、特に上代語の母音がいくつの母音から成り立っていたのかという問題である。本稿では松本克己（一九七五）に始まる「五母音体系説」を中心に検討することにする。

森博達の『日本書紀』α群原音依拠説は『日本書紀』α群（巻一四～一七、一九、二四～二七）が唐代北方音原音に漢音に基づいており、それ以外のβ群（巻一～一三、一五、七、九～一三、二二、二三）とは異なり、対音資料として大きな価値をもつという説である。日本語の音韻史のみならず、中国語音韻史その他の隣接分野にも影響が及んでいる。特に『日本書紀』の成立事情をかなりの部分まで解き明かした功績は大きい。

　万葉仮名の漢字原音に基づいて上代語の音価を推定する研究は橋本進吉以来有坂秀世や大野晋など多くの研究があり一定の合意が得られてきたといえよう。さらに森博達は一連の研究により『日本書紀』α群の巻々の仮名が唐代北方音に基づいていることを明らかにし、上代日本語の音価推定に関する研究を大きく前進させた。『日本書紀』α群という唐代北方音に基づく、より純度の高い対音資料を得ることによって、これまで以上に上代日本語の音声を精緻に復元することが可能となった。

　松本克己（一九七五）にはじまり松本克己（一九九五）にまとめられた一連の研究はそれ以前の上代特殊仮名遣いの研究から上代日本語の母音は八母音であったとする通説に対し、上代語の母音交替例を精査して、内的再建により上代日本語は五母音体系であることを主張した。特に、オ列甲乙の母音を相補分布の関係にあると捉える考え方は画期的なものであったが、わずかにその反例となる最小対（ミニマルペア）が存在するため、服部四郎（一九七六）などの反論が出て、定説となるには至らず現在に至っている。

『日本書紀』α群の仮名が唐人捕虜による原音を踏まえたものであるように、上代においては程度の差こそあれ、呉音もまた原音を踏まえた用法であったはずである。森によってβ群の中心執筆者であると推定されている山田三方《みかた》（御方、御形とも）の姓は史（フビト）であり、学問僧として新羅留学体験もある。『日本書紀』β群や『古事記』『万葉集』の万葉仮名は帰化人の伝承する古代中国南朝音に基づいていると考えるべきではないだろうか。

（二）資　料

a. 奈良時代以前の日本語

　奈良時代に至るまでの日本語を記す資料として、中国の歴史書に記載された倭国の記事に見える固有名詞・地名、四世紀から現れる鏡銘や刀剣銘などの金石文《きんせきぶん》、推古遺文や木簡《もっかん》などに記された銘文や記録がある。金石文・木簡などは日本国内で作成されたものであるが、文字を扱うことができたのは中国系の帰化人であると考えられている。これは程度の差はあれ、八世紀成立の『古事記』『日本書紀』『万葉集』『風土記』などの文献においても同様の事情であったと考えるべきだろう。

b. 奈良時代の日本語

ＤＮＡ人類学の最新成果に基づく篠田謙一（二〇一九）によれば、およそ二〇万年ほど前に現生人類（ホモサピエンス）がアフリカ中央部で誕生し、およそ六万年程前にその一部がアフリカを旅立ち人類は世界中に拡散した（旧約聖書の「出エジプト記」になぞらえて「出アフリカ」と呼ばれる）。日本列島にはおよそ今から三万八千年ほど前に最初の人類がやってきたと考えられている。その後旧石器時代・縄文時代を経て弥生時代には日本列島に、主として中国大陸と朝鮮半島から継続的に渡来する人々があったが、七世紀の東アジア動乱の時代を最後に渡来する人々はほぼいなくなった。「倭」から「日本」へと国号を変えて急速に律令国家作りを進めたのはこのころである。記紀万葉などの文献資料も隋・唐の歴史書・文学書の影響を受けて作成された。律令作成に関わった多くの帰化人たちは、日本語史研究の重要資料である、これらの資料の作成にも関わったと考えられる。

第三節第三項に「帰化人の言語」を設けて奈良時代の言語状況、特に記紀万葉を実際に書き記したのがどのような人々であったのかについて確認する。

c. 『日本書紀』

『日本書紀』は勅撰史書の第一であるにもかかわらず、序がないために詳しい編纂過程が不明だったが、森博達は音仮名の用法の観点から書紀区分論を発展させ、その編纂過程を明らかにした。森によれば『日本書紀』全三〇巻の万葉仮名は中国語原音（唐代北方音）に基づくα群と倭音（日本化した漢字音）に基づくβ群に分類される。『日本書紀』α群原音依拠説により奈良時代の日本語の母音・子音の音価を精密に推定することが可能となったと同時に、唐代北方音における音韻変化の実態も明らかになった。森の研究以前には『日本書紀』の巻々によって性質が異なることに注目した「日本書紀区分論」の研究の蓄積があったが、区分論の背景には執筆者の違いが存在していたのである。森博達（一九九九）ではさらに研究を進め、α群の執筆者が続守言と薩弘恪、β群の執筆者は山田三方（御方とも）などであることを明らかにした。さらに森博達（二〇一一）では「『日本書紀』に見られる韓半島の漢字文化の影響について書紀区分論の視点を絡めて論じ」ている。

森博達（一九九九）ではα群においてしばしば日本語の濁音に全清字の仮名が用いられていることについて

「水はミツか」の小見出しを立てて以下のように記している。α群原音依拠説の白眉ともいえる部分なので長くなるが引用する。

α群中国人表記説の第三の根拠は、日本語の濁音を誤って清音の漢字で写していることです。これは中国人説の決定的根拠です。私はα群原音依拠説に自信をもっていましたが、この誤用は唯一つ残された不可解な現象でした。α群では濁音仮名として、無声無気音の全清音字も七字種、延べ十一例用いられています。〈幇〉母（[p-]）の「播」（バ・二例）と「波」（バ・一例）、〈端〉母（[t-]）の「多」（ダ・四例）、「都」（ヅ・一例）、「底」（デ・一例）、「堤」（デ・一例）、そして〈見〉母（[k-]）の「枳」（ギ甲）がそれです。

一方のβ群の混用例は、検討の結果、巻一一・第六三番の「阿企菟辞摩」（アキ甲ヅシマ・秋津島））の「菟」だけとなります（ただし「菟」字は全清音ではなく、無声有気音の次清音です）。この問題に限っては、β群の方がα群よりもかえって規律をよく守っているのです。

右に掲げたα群の七字種・十一例の漢字は、いずれも清音仮名として常用されています。表記者が中国原音の清濁を知らなかったとは、とうてい考えられない漢字です。したがって、不注意によるものでなければ、表記者が日本語の語彙の清濁を誤った結果としか考えられません。全用例は次のとおりです。

巻一四・七七番「和斯里底能」（ワシリデノ乙・走り出の）
　八一番「農播柁磨能」（ヌバタマノ乙・ぬば玉の・枕詞）
巻一七・九七番「紆陪禰堤堤」（ウヘ乙ニデテ・上に出て）
巻二四・一〇七番「渠梅多禰母」（コ乙メ乙ダニモ・米だにも）
　一一〇番「枳々始」（キ甲ギ甲シ・雉）
巻二六・一一八番「瀰都」（ミ甲ヅ・水）
巻二七・一二五番「多致播那播」（タチバナハ・橘は）「曳多曳多」（エダエダ・枝々）
　一二七番「比騰陛多爾」（ヒ甲ト乙ヘ甲ダニ・一重だに）
　一二八番「波々箇履」（ハバカル・憚る）

これらはいずれも難しい語彙ではありません。日本人なら清濁を問違うはずがありません。ところが、水をミツか、枝をエタかと聞きとっているのです。日本語に十分習熟しない中国人が犯した誤りと見なすのが穏当です。

それでは、なぜ中国人はこれらの仮名の清濁を誤ったのでしょうか。これらの音節には、中国人が清濁を間違えやすい共通の性格でもあったのでしょうか。私は、右の清濁異例の音節はそろって高平調のアクセントをもっていたのではないかと、予測してみました。高平調の音節はその発端高度が高く、喉頭の緊張も持続します。すると声帯の自由な振動が妨げられ、有声要素が減殺されます。その結果、日本語の高平調の濁音を中国人が清音に聞き誤ったのでしょう。このように仮定して、はやる心を抑えて、古写本（複製）についてそれらのアクセントを調べてみました。胸が高鳴ります。高平調は文字の左上の声点です。次々に巻子本を展げて確認してゆきます。果たして、これら十一例の仮名はことごとく左上に声点が差されていました。すべて「上声点」、すなわち高平調のアクセントを示す声点だったのです。このような日本語の能力から推測するに、α群の表記者は日本で生まれ育った者とは考えられません。成人になってから来日した唐人だったのでしょう。これで三段跳びのジャンプを果たしたことになります。α群の歌謡の仮名は、渡来唐人が中国語（唐代北方音）によって表記していたのです。これが音韻による書紀区分論の核心です。それでは、その渡来唐人はa群の歌謡だけを担当したのでしょうか。それとも訓注や本文まで執筆したのでしょうか。私は、その唐人がα群全体を述作したと推測します。これが書紀区分論の原点だと、私は考えます。

唐代北方音に生じた無声化現象によって中古音にあった全濁声母は無声化し、全濁上声は去声に流入した。平声では清音は陰平に、濁音が陽平に移動したために、現代中国語（普通話）でもかつての清濁は声調の区別によって保たれている。全濁字の発端高度は低く、全清字は高くなったために中古音から清濁の区別は失われ（声調の区別に吸収され）ていった。七世紀末に百済の捕虜となって日本に送られてきた続守言・薩弘恪の中国語音には日本語の濁音節（高いアクセント）に中国語原音の清音を宛てるほど「無声音化」が進行していたのである。

二．上代特殊仮名遣い

奈良時代の文献ではキギヒビミケゲヘベメコゴソゾトドノヨロ（『古事記』ではモも）を表す万葉仮名がそれぞれ二つのグループに書き分けられている。たとえば、名詞の「子」は「古・故・固」などの仮名で書かれ、代名詞の「此」は「許・虚・挙」などの仮名で書かれる。上代におけるこれら八七音節の書き分けを「上代特殊仮名遣い」（「上代仮名遣い」「特殊仮名遣い」）と呼ぶ。このほかア行とヤ行のエを上記八七音節に準ずるべきであるとする見方もある。

　上代特殊仮名遣いとよばれる上代文献における万葉仮名の使い分けは、本居宣長によって発見されて以来、石塚龍麿らによる整理、橋本進吉による再発見と母音の音価の推定、有坂秀世・池上禎造による音節結合法則の発見と続き、研究は大きく前進してきたといえよう。その後も松本克己によるオ列甲乙を相補分布と見る五母音説、服部四郎によるイ・エ列を子音の口蓋化と見る六母音説の提唱などがあり、音韻論的解釈や母音体系の変遷に関して多くの研究が公にされているが、いまだ定説を見ない状態である。

　甲類・乙類の区別の表示方法には種々のものがあるが、本稿では松本克己（一九七五）において提唱された ko1・ko2 の形式を用いる。甲乙の区別のない音節は単に o・po・wo のように表示する。Co1 はオ列甲類の母音を含む音節、Co2 はオ列乙類の母音を含む音節、Co はオ列甲乙の区別のない音節である。

（一）研　究　史

　上代特殊仮名遣いの研究史を a 本居宣長以後、b 橋本進吉以後、c 松本克己以後、の三期に区分する。a 期では上代特殊仮名遣いの発見と整理の時代、b 期は母音の音価の推定と有坂法則の発見とその意味づけの時代、c 期は松本克己による五母音体系説の検討の時代、であると見ることができよう。上代特殊仮名遣いの研究は表記レベル・音声レベル・音韻レベルへと進められてきて、それに応じて深化してきたともいえる。

a．本居宣長以後

　本居宣長『古事記伝』（一之巻「仮字の事」）は『古事記』の仮名に二種類の書き分けのあることを指摘した。その門人の石塚龍麿は『古事記』だけでなく『日本書紀』『万葉集』をも精査して『仮字遣奥山路』を著した。また、草鹿砥《くさかど》宣隆は『古言別音抄』を著したが、これらの書は十分に理解されることもなく、刊行されることもなかった。近世の国学者たちによって上代特殊仮名遣いの発見と整理が行われたが、これらの業績は橋本進吉が再発見をするまで埋もれたままになっていた。

b. 橋本進吉以後

橋本進吉の再発見から松本克己（一九七五）にいたるまでの研究。上代日本語の母音体系を八母音体系ととらえ、その音価を明らかにすることが研究の中心だった。有坂秀世（一九五五）・大野晋（一九五三）・森博達（一九九一）はそれらの研究が出版された時点において、音価推定に関わる研究の到達点であるといえよう。日本語系統論の研究と関連させて上代特殊仮名遣いを母音調和の名残ととらえる有坂秀世の説が主流となった。松本克己（一九七五）が出るまでは上代語の母音に関する十分な音韻論的解釈はなされなかった。本居宣長に始まり、音価の推定に精密さを加えてきた上代特殊仮名遣い研究史については、安田尚道（二〇〇四）などに詳しい。

c. 松本克己以後

松本説のまとめ　松本克己（一九七五）から現在に至るまでの研究は上代語の母音の音韻論的解釈が中心となった。松本の上代特殊仮名遣いに関する研究には松本克己（一九七五）（一九七六a）（一九七六b）（一九九一）（一九九四）があり、それらは松本克己（一九九五）に再録されている。松本克己の研究を理解するうえで巻末に記された松本自身の手になる解説はたいへん有益である。松本はそれまで主流であった甲類＝o、乙類＝ö という表示方法に替えて、甲類＝o1、乙類はo2、区別がない音節＝oという表示方法を採用した。松本は上記研究においてそれ以前の通説を批判し、以下のような新しい解釈を提示している。

① 真の音節結合法則は「同一語幹内においてaとoは共存しない」のみである。
② CoCoの音節構造では必ず乙類（o2）、CuCoの音節構造では必ず甲類（o1）があらわれるという「相補分布」の規則ととらえるべきである。
③ 類型論と言語普遍の立場から見て上代日本語に母音調和があったとは考えられない。
④ 上代日本語にa～oの母音交替が多く存在する。
⑤ 日本語の内部資料から遡りうる動詞の活用組織の

最古の段階は，古い日本語の四母音の体系を忠実に反映するものだった。

⑥母音エはia>e1、ai>e2の変化を経て新しく生まれた母音であり、エ列甲乙の区別は一時的に現れたものである。

⑦相補分布の反例（ミニマルペアの存在）として一音節語のペアに関して、独立性の高い語は甲類、低い語は乙類であることを指摘した。

⑧先史日本語の母音体系はａｉｕəからなる四母音体系である。

⑨奈良時代のいわゆる「八母音」なるものは，書記法の作り出した〝虚像〟にすぎない。

松本克己の五母音説は他の研究者から高く評価されているものの全面的に受け入れられているわけではなく，主として⑦を認めず、六母音説をとる研究者が現在でも多いように見受けられる。六母音説から松本説を批判する研究に服部四郎（一九七六）・釘貫亨（一九九六）・早田輝洋（一九九八）などがある。

オ列音の甲乙を音韻の区別と見る立場はこれまでの多くの研究者の取るところとなっているので、ここではそれを否定する「変異音」説の松本克己の解釈を中心に検討することとする。

（二）　有坂・池上法則と母音調和

有坂秀世（一九三二）・池上禎造（一九三二）によって発見された上代語に見られる音節結合法則（「有坂・池上法則」）については、有坂による母音調和の痕跡とする解釈が後の研究でも支持されてきた。有坂秀世（一九三二）の結論部分を引用する。

前稿に述べた音節結合の法則は、之を簡明にまとめていひあらはせば次の通りである。

第一則、甲類のオ列音と乙類のオ列音とは同一語根（動詞は語幹）内に共存することは無い。

第二則、乙類のオ列音はウ列音と同一語根（動詞は語幹）内に共存することが少い。

第三則、乙類のオ列音はア列音と同一語根（動詞は語幹）内に共存することが少い。

この中確実に言ひ得ることは、

1、甲類のオ列音と乙類のオ列音とは同一語根（動詞は語幹）内に共存することが無い。

2、ウ列音とオ列音とから成る一二音節語根に於て、そのオ列音は乙類のものではあり得ない。

といふ二つの事実であり、その他は寧ろ傾向といふ程度のものである。

これは当時日本語が「ウラルアルタイ語族」に属するのではないかと考えられていたためである。日本語が「ウラルアルタイ語族」に属する可能性についてはじめて述べた藤岡勝二（一九〇八）は以下のように述べている。

兎も角日本語の上には此現象は古語にも充分は認められませせぬ。是れは事実ありませぬから致し方がありませぬ。然し「ウラルアルタイ」語族は大部分にはありますから、是れは考へて置かなければならぬものです。日本語が他の点に於て「ウラルアルタイ」語の中へ這入るものと今後極まつたならば、其暁に於て、何故に日本語に母音調和法がないかと云ふ説明は大いに研究しなければならぬことにならうと思ひます。それまでは預りにして置きます。

しかし松本克己（一九七五）は有坂法則は母音調和とは無関係で、オ列甲乙は相補分布をなしていると見るべきであり、上代語の母音体系は五母音体系であるとの見方を示した。オ列甲乙の相補分布には一音節語を中心として若干の例外があるために現在でも松本克己の五母音説は全面的に受け入れられるには至っておらず、日本語に母音調和があったと考える有坂法則に基づく六母音説を支持する研究者も多い。一方、松本克己（一九九八）は以下のごとく上代日本語に母音調和が存在したことを否定する考えを述べている。

ユーラシアにおける母音調和の現象は、かつてはいわゆるウラル・アルタイ諸語に固有のものと見なされていた。これらの言語のほとんどがこの特徴を共有し、他方、この大陸のほかの語族ないし言語群には、この種の現象が全く欠けていると見られたからである。周知のように、一九世紀の中頃から今世紀の半ば近くまで盛んだった「ウラル・アルタイ（同系）説」やまたそれを受け継いだ「アルタイ説」にとっても、母音調和はこれらの言語の同系性を支えるもっとも有力な拠り所とされてきた。従って、今世紀の前半、前間恭作や小倉進平による中期朝鮮語における母音調和の発見は、朝鮮語をウラル・アルタイ語族に結びつけるもっとも信頼に足る証拠と目され、また同様に、橋本進吉による「上代特殊仮名遣」の発見とそれに関連する有坂秀世による古代日本語における「音節結合の法則」の提唱も、直ちに、「日本語＝ウラル・アルタイ同系説」という方向へ結びつけられたのである。

しかし、この問題をめぐるその後の研究の進展は、ユーラシアにおける母音調和の現象がけっしてウラル・アルタイ諸語だけに固有のものではなく、それを越えて遠く他の言語圏にも広がり、しかもそこに見られる母音調和の性格は必ずしも一様でないことを明らかにした。

三．奈良時代の日本語の母音体系

上代語の母音の数については橋本進吉・大野晋らによる八母音説、服部四郎らの六母音説、松本克己の五母音説、森博達の七母音説がある。上代以前の母音体系について、大野晋・松本克己は四母音体系と推定している。また、服部四郎らによって本土方言と琉球方言の共通祖語（日本祖語、日琉祖語、原始日本語などとも呼ばれる）の母音体系に関して、さまざまな推定がなされている。

（一）奈良時代日本語の母音の数

第二節第一項研究史で概観したとおり、現在では日本語のどの音節に上代特殊仮名遣いの書き分けがあるかという問題については、研究者間で合意ができていると考えられる。『古事記』にのみモの音節に甲乙の書き分けが存在することについても、その理由については諸説があるものの、書き分けそのものを疑う研究者はいない。上代特殊仮名遣いの書き分けのある八八音節（モを含む）の音価については、中国中古音の復元音を参考にして音仮名の漢字原音を推定することが可能となっている。上代特殊仮名遣い研究の問題点は、その音韻論的解釈にあるといえよう。現在上代語の母音体系は八母音説・五母音説・六母音説・七母音説が出そろっている。上代語の母音体系について考えるためには、平安時代以降の五母音体系との関係や文献時代以前の日本語の母音体系との関係を矛盾なく説明することが必要となる。上代文献が帰化人（系統の知識人）によって記されたということは、上代の音仮名は、程度の差こそあれ（言語的）外国人によって記された一種の対音資料であるということである。森博達の一連の研究によって『日本書紀』α群の筆録者が明らかにされたことは、上代語の研究にとってたいへん大きな前進だった。

（二）　四母音体系から五母音体系へ

奈良時代より古い時代の中央語の母音体系が四母音体系であったことは大野晋（一九七四）・松本克己など（一九七五）によって推定されている。松本克己（一九七五）は上代語に見える母音交替の例を検討し、日本語の「内的再建」を試みた。松本は上代語の音節結合について真の音節結合は「同一語幹内においてaとoは共存しない」のみであるとし、奈良時代に至るまでの日本語の母音体系は以下のⅠ～Ⅳのように変遷してきたとする。

Ⅰ

i　u
a

Ⅱ

i　u
a　o

Ⅲ

i　ï　u
e　o
a

Ⅳ

i　u
e　o
a

松本克己（一九七五）の結論は以下のとおりである。

Ⅲに示された母音組織からⅣのそれへの推移は、体系的観点からすればほんのわずかな変化にすぎない。/ï/はすでにごくかぎられた範囲でしか現れない母音であったからである。実際、八世紀から九世紀にかけての日本語に、それほど重大な変化を引き起すような外的要因が存在したとは到底考えられない。少なくとも母音組織に関するかぎり、そこにはいかなる断絶も飛躍も起こらなかった。もし顕著な変化が起こったとすれば、それはただ書記法の面においてだけである。そしてこの変化は、おそらく帰化人（あるいは少なくともバイリンガルな書記階層）の手によって成立したと思われるかなり人工的な書記体系の日本語への漸次的適合、つまり外来文化の土着化の一局面にほかならなかったのである。

結局のところ、「上代特殊仮名遣」の問題は、これまで多少誇張されて取り扱われてきたと言ってよいかもしれない。いわゆる「甲類」・「乙類」の区別が、音韻的、形態論的に多少とも重要性をもつのはイ列の場合だけであって、エ列においてはそれほど重要な意味があるわけでなく、またオ列の場合、甲・乙の区別は全く無視しても構わない、むしろ無視すべきであろう。オ列に関するかぎり、この区別にとらわれることは、古代日本語の言語構造を正確に把握する上で、妨げにこそなれ、けっして助けにはならないと思われるからである。

松本克己（一九九五）の著者自身の解説では上記四母音体系について以下のように説明している。

本書第二章の最後に収められたこの論からも窺われるように、最初の拙論（一九七五）からほぼ一〇年を経過した後も、上代語母音に関する私の基本的な考えはほとんど変わらず、結果的には、自説を再確認するにとどまったといえるかもしれない。ただ、ここで新しく加わった点があるとすれば、それは奈良時代以前、つまり先史日本語について提案してきた（また別の観点から大野氏も提起しておられた）四母音体系について、上代語オ列母音の前身を/ə/とする音韻論的解釈をはじめて明確に示した点にあるといえよう。

松本説によれば奈良時代以前の日本語の母音体系は上記四母音体系（A）であり、それが以下の段階（B）を経て五母音体系（C）へ移行したことになる。

A　七世紀後半までの日本語の母音体系

u　　i
ə
a

B　七世紀後半から八世紀前半頃の日本語の母音体系
※表記者は帰化人（対音資料）。

u　o
ui　ə　ia　i
ai
a

C　八世紀後半以降の母音体系
※表記者は日本人

u　o
i　e
a

Bは帰化人が聞き取った七世紀後半〜八世紀前半頃の日本語の音節の区別である。倭人語の母音体系はこの時代も四母音体系から五母音体系への過渡期だったが、それを帰化人は音声的に聞き分けて表記仕分けたということになる。イ・エの甲乙は二重母音を反映したものであるのに対し、オ列の甲乙は相補分布の関係にあり、音素としてはひとつ（四母音体系の時は /ə/、五母音体系では /o/）ということになる。連母音 [ia] [ai]（その他に [oi] なども）が融合して母音音素 /e/ が生じると [ə] は [o] の位置に移動して五母音体系が完成した。

この段階で「エ（江）」「エ（枝）」などの一音節の和語は [e] の母音をもっていたと考えられるので一音節語ではその母音体系は一歩先んじて図Cの段階に達していたと考えられる。

松本克己（一九七五）に支持者が広がらなかった理由として以下の点があるだろう。

① 母音交替の検討を通じて四母音体系以前は三母音体系であると推定しているが、その論証のために多くのページを費やしていること。

② オ列の甲乙の別は相補分布であることに少数の反例が存在すること。

③ 有坂・池上説「母音調和の名残り」説の影響力が

大きかったこと。

④ 結論部分に記された上代文献の書記者が帰化人であることの指摘が控えめであったこと。

⑤「外来文化の土着化の一局面にほかならなかったのである」などの表現が難解で理解されにくかったこと

②について服部四郎（一九七六c）がオ列の甲乙の別が音韻論的対立であったことを強く主張していることも関係しているだろう。

松本克己（一九七五）は相補分布の例外に対して一音節語の場合、独立性の高い語は甲類、低い語は乙類であるとの説明を加えている。すなわち上記Aの四母音体系の時代ではオ列音は[ə]で実現していた（[o]は環境の影響を受けた異音）が、Bの五母音体系の時代では新たに母音[e]が生まれていたためオ列一音節語は[ə]として実現することはなく、常に[o]として実現するようになった。ただし「ヨ（世・代）」は半母音[j]の影響を受けて円唇化しなかったために乙類[jə]として実現したのだろう。一方「ヨ（夜）」が甲類で実現したのは藤井游惟（二〇〇七）の指摘するとおりアクセントの影響を受けてのことだろう。秋永一枝ほか（一九九七）によれば「ヨ（世・代）」「ヨ（夜）」ともに平安時代に声点を注記した文献があり、前者はH、後者はLのアクセントであった。「ヨ（節）」の平安時代のアクセントはLであるが「ヒトヨダケ（一節竹）」「ヨダケ（節竹）」のように複合語中では円唇化が生じず、乙類に実現したと考えておく。松本克己（一九七六b）の「ヨ（夜）」「ヨヒ（宵）」「コヨヒ（今宵）」「アサヨヒ（朝宵）」においてヨヒ（宵）」単独語と「アサヨヒ（朝宵）」のヨは甲乙が揺れているが、「コヨヒ（今宵）」の場合はヨ乙に限られるのは同化現象であることを用例を示しつつ説得力のある主張を行っている。

モの音節の甲乙について服部四郎（一九七六a）は次のように記す。

「モ」の丙類・丁類の区別が「ホ」（/p-/）「ボ」の場合よりもおそく失われたのは、[m]の場合には、破裂音の場合と異なり、その持続部の音も多少識別に役立つので、出わたりを特に暗くしなくても[n]との識別が容易だからであろう。なお、松本克己氏が指摘した如く、「魚韻」が「唇音」「牙〔喉？〕音（ワ行関係）」との結合音節（すなわち、漢字）を欠いているので、「ホ、ボ、モ」の丙・丁が書き分けられなかった可能性もあるが、太安万侶は「毛」と「母」で「モ」の丙・丁（鈴木注：オ列の「甲・乙」）を書き分けているのだから、工夫すれば「ホ」「ボ」の丙・丁も書き分けられただろうに、それをしなかったのは、発音に区別がなかったためであろうと思う。

太安万侶は中国語音としては表記しわけることのできない日本語のモの音節にも、他のオ列の音節同様に円唇と非円唇のあることに気がついていたので、あえて「毛」と「母」によってそのことを区別したのだろう。「モモ（百）」「モモ（股・腿）」がオ列音の連続から成っているにもかかわらず甲類に表記されているのは低く始まるアクセントによって円唇性が増しているからだろう。助詞モが乙類に表記されているのは付属語であるだけではなく、下降調アクセントであったこととも関係しているだろう。このことは太安万侶が漢字音と日本語音の両方に通じていたことをうかがわせる。『古事記』にモの甲乙の書き分けがあるのは通説のように、安万侶がより古い発音を保持していたからではなく、日本語の音声を注意深く観察し正確に聞き分けることができる音声学者的な耳のもち主だったからだろう。モの音節が二類に書き分けられているのは安万侶が『古事記』の表記から音声言語としての日本語が復元できるようにすることに情熱を注いだ結果ということになる。

（三）帰化人（渡来人）の言語

関晃は『国史大辞典』「帰化人」の項目で

> 外からの来住は中世以降も絶えずあり、また今日でも外国人が日本の国籍を取得することをやはり法律上で帰化と呼んでいるが、しかしその数が多く、また歴史的に特に大きな意味をもったのは、九世紀ころ（平安時代前期）までだったので、帰化人といえば普通はそのころまでの人々を指すことになっている。古代には帰化系の諸氏族を総称していうときには、「諸蕃」と呼ぶことが多かったが、「蕃別」という語は存在しなかった。なお最近では「帰化人」の語が中国で本来もっていた中華思想的な発想を嫌って、「渡来人」という新語を用いることも行われているが、日本に住みついて日本人の一部となった者という意味が含まれなく

> なるので、あまり適切な語とはいえない。

と説明している。また、七世紀後半の帰化人の渡来状況について

> 三世紀にわたる活発な帰化人の渡来も、七世紀後半に入るとまもなくほぼ終止符が打たれることになった。すなわち斉明天皇六年（六六〇）に唐・新羅連合軍が百済の王城を陥れ、天智天皇二年（六六三）に日本の水軍が唐の水軍と白村江に戦って大敗すると、百済復興の望みは全く失われたため、同年に百済の貴族・官人以下が大挙して日本に亡命してきた。その数はおそらく四、五千人以上で、その中には上流貴族もかなり含まれていた。また続いて同七年に高句麗も唐軍に討滅されたが、その時にも高句麗王族を含むかなりの数の亡命者があった。したがってこの時の亡命者群はおそらく古代に帰化人が集団的に渡来した最大のものとみられる。

と記す。前之園亮一は『日本大百科全書』「史（ふひと）」の項目で

> 大和朝廷の官職名で、のちに姓となった。語源は「書人（ふみひと）」。史姓六十九氏のほとんどが帰化系氏族で、文筆や計算の技能をもって朝廷に仕えた。朝廷の機構の拡充された五世紀後半の雄略朝以降、外交や財政の分野で活躍し、六世紀なかばごろより官職名から姓へ転化した。その後、大宝律令の編纂にも田辺史が参加して功績があった。七五七年（天平宝字一）に藤原不比等の諱（実名）を避けて毗登（びと）に改められたが、七七〇年（宝亀一）にもとに復した。

と記している。このように帰化人は律令国家の建設に貢献し、漢字によって日本語を書き記したのである。

上代の万葉仮名（音仮名）は漢字原音をもって日本語を写したものであり、平安時代以降の仮名とは異なり、漢字の仮借用法を日本語に適用したものだった。

亀井孝・大藤時彦・山田俊雄編（一九六三ａ・ｂ）（一九六四ａ・ｂ）では「帰化人」の記述が見られ、その使用回数は第一巻五回、第二巻一六回、第三巻二三回、第四巻一六回の多きにのぼっている。第三巻では「帰化人基層説」として「帰化人の二重言語性という一見きわめて大胆な想定」「帰化人社会に二重言語併用を想定しようとするこの仮説」を提出している。これは音便の発

生や語頭に濁音・ラ行音が立ちうるようになるといった大きな変化が生じた理由を帰化人の二重言語性とその影響力の大きさに求める考えである。第二巻では「和習」について以下のように説明している。

〈史部流〉ないし〈史官流〉については、さきにもふれておいたが、これを言語学的にみて興味があるのは、これが、帰化人という、いわば二重言語生活者の日本語の表現であることとである。その〈史部流〉が、漢文離れをするのを、後世からは和習とよんでいる。和習の文は、正格の漢文を自由に書ける人びとが、むしろ、筆を平俗にすべらせてそうなったときに、そうよばれるべきものかもしれぬ。

また、同第四巻では「帰化人の発音傾向を、周囲の日本人が逆に模倣したということも、おこりえなかったとはいいきれなくなる」との推定を行っている。

森公章（一九九八）は六六三年の倭国が白村江の戦いで大敗を喫した後の状況について、

百済人王族に加えて鬼室福信とともに百済復興に立ち上がった余自信、福信の子集斯や同族の集信など、百済復興の中心であった貴族階層の人々から、一般の百姓まで一千人規模で倭国定住をはたした。六世紀以前に何度か渡来人の波があったが、これはその規模や渡来の時期がはっきりしているという点において、歴史上稀有な事例といえ、このように多くの百済人の来日・定住が、倭国に何らかの影響を与えたことは容易に想像される。

と記す。さらに、「また、六九三年に新羅に留学した神叡は、やはり八世紀前半に僧綱に任用され、大宝度の遣唐使で唐に留学した道慈（三論宗、平城京の大安寺造営に尽力）と並び称されており（『続日本紀』天平一六年〈七四四〉一〇月辛卯条）、その学識が遣唐留学者と遜色ないものであったことがうかがわれる」ことを指摘する。森博達によって『日本書紀』β群の執筆者と推定される山田三方（御方）も還俗させられた新羅留学僧である。帰化人（渡来人）に関する最近の日本史研究の成果として丸山裕美子（二〇一四）・加藤謙吉（二〇一八）・田中史生（二〇一九）などが、また言語学の成果として伊藤英人（二〇一三）などがある。

四　子音の音価と音節構造

上代中央語の子音の音価については、カ・ガ・タ・ダ・ナ・バ・マ・ヤ・ラ・ワの各行は[k][g][t][d][n][b][m][j][r][w]の一種類だった。サ行は、サが[ts]、シ・セは[ʃ]または[s]、ス・ソは[s]、ザ行はそれぞれの有声音[dz][ʒ][z]とする説が有力であるが、定説には至っていない。ハ行子音は両唇破裂音[p]または両唇摩擦音[ɸ]、バ行子音は[b]であり、奈良時代以前のハ行子音は[p]であったと考えられている。なお、濁音ガ・ザ・ダ・バ行の子音は鼻音を伴っていた（直前の母音が鼻音化していた）と考える説が有力である。撥音・促音・拗音は日本語の音韻としてまだ存在せず、識字層に使用されていた漢字の発音は中国語原音に近かったと見られる。

（一）　子音の音価

慈覚大師円仁（七九四−八六四）の『在唐記』に見える悉曇字母の説明（南天の宝月三蔵から学んだ各字母の読み方を、「本郷音」や「大唐音」によって記し注釈を加えたもの）によって音価の推定が行われてきたが、その記述をどのように解釈するかにより結論が異なり、諸説が並び立つに至っている。森博達は『日本書紀』α群の仮名を用いて新たな推定を行っている。

ハ行子音

奈良時代のハ行子音については、その音価が破裂音[p]であったのか摩擦音[ɸ]であったのかという問題と、ハ行転呼（語中尾におけるハ行音の有声化）が生じていたか否かという問題が別個に論じられてきた。奈良時代のハ行子音の音価は両唇破裂音[p]であったのか、両唇摩擦音[ɸ]であったのかについては円仁『在唐記』の記述の解釈により、両説が行われている。『日本書紀』α群の音仮名の分析からフの音節を破裂音であったとする久島茂（一九八二）の説があるが、森博達（一九九一）は決定できないとする。

ところで、α群では軽唇音声母のうち〈非〉母と〈奉〉母のみが用いられ、〈敷〉母は一切用いられていない。これが偶然の現象でないとすれば、〈非〉母と〈敷〉母は、当時はまだ合流していなかった可能性がある。その場合、軽唇音が摩擦音であるなら無気音

〈非〉母）と有気音（〈敷〉母）との弁別が困難となるので、軽唇音に破裂音の要素があったと見なす方が合理的であろう。そうなると、「フ」の頭音の推定音価も揺らいでくる。〈非〉母の音価が［pɸ］であったかもしれないからである。これならば、「フ」が［pɯ］であっても、α群の表記者は重唇音の［po］（〔模〕韻）や［pəu］（〔侯〕韻）や［puŋ］（〔東〕韻）よりも、韻母が最適で頭音の相違も小さな［pɸɯ］（〔虞〕韻〈非〉母）を好んで用いたものと解釈できるからである。結局、「フ」の頭音が破裂音だったのか、それとも摩擦音だったのか、現段階では決定できないのである。

木田章義（二〇一三）は円仁の時代のハ行音はP音であったと見るべきであるとする。バ行音は現代に至るまで破裂音なのでハ行音が摩擦音化すると語中尾で有声化する条件は整っていた。

	奈良時代	平安時代	
ハ行音	p	ɸ（語頭）	β ＞w（語中）
バ行音	b	b	b

ハ行子音の摩擦音化が生じるとハ行音とバ行音は無声対有声の対立だったものが摩擦対破裂の対立となり、ハ行子音は母音間で有声化しただろう。このようにハ行転呼はハ行子音の摩擦化に連動して起こった現象であると考えるとハ行子音は通説よりも遅くまで［p］を保っていたのかもしれない。

サ行子音

奈良時代のサ行音に当てられた音仮名には破擦音と摩擦音が混在しており、その音価について諸説あるが定説はない。

ヤ行子音

ア行のエ（[e]）とヤ行のエ（[je]）の区別は一〇世紀中頃までに失われた。「あめつち」四八字には区別があり「いろは」四七字には区別がない。この両者の間（一〇世紀後半）に成立したと見られる「たゐに」は現存する唯一の写本に欠字があることもあり、四七字か四八字のいずれが成立時の形であったかを決定できない。

頭音法則

上代語の和語では語頭に濁音・ラ行音が位置することはなかった。また、母音だけから成る音節は語頭にだけ位置することができた。ただし『万葉集』巻五山上憶良の貧窮問答歌の「鼻毗之毗之爾」からオノマトペでは濁音が始まるものがあったと考えられている。平安時代になると語頭濁音語が生じた。藤岡勝二（一九〇八）は第一語頭に子音が二つくることを嫌う、第二ラ行音が語頭に来ない、第三母音調和がある、の三点が発音から見た「ウラルアルタイ」語族の特徴であるとした。

連　濁

連濁は語の複合に際して複合語（合成語）の後部成素（要素）が濁音化する日本語独自の現象である。上代では前部成素末に濁音がある場合は連濁しない傾向が著しかった。また、後部成素の第二音節以降に濁音がある場合は連濁しないこと（ライマンの法則）は上代においても例外のない強い非連濁規則として存在していた。上記二つの非連濁規則が存在することによって上代語では濁音の連続が許されなかった。

『古事記』上巻「疎を訓みて奢加留（ザカル）と云ふ」の訓注は連濁形で読むことを指示したものである。施注者にとって日本語の連濁が注意すべき現象と認識されていたことになる。木田章義（二〇一四）は「天之狭土神〈訓土云豆知、下效此〉」は連濁形で、「思金神令思〈訓金云加尼〉」は非連濁形で読むことを指示した注であるとして小松英雄（一九七三）の「訓注は語のまとまりなどを示す」との解釈を否定している。

濁　音

亀井孝（一九七〇）は上代語では語頭に濁音が立たないという頭音法則と、平安時代以降にその頭音法則に違反する形で生まれた語頭濁音語についての考察、奈良時代の万葉仮名の清濁についての考察を通じ、古代日本語におけるＣＶとＣＶとのつなぎに鼻音が〝わたり〟のやくを演じたであろうこと、そして、この〝わたり〟はここでは二個のＭ（モーラを代表する記号）を一個の全体へ統合する〝アクセント（の役をひきうけるもの）〟であると結論している。中世以前の中央語の濁音は前鼻音を伴っていた。古代における固有語の濁音が亀井の想定するような性質のものであるとすれば、上代においても濁音前鼻音が存在していたと考えるべきだろう。それが弁別的なものであったのか余剰的なものであったのかについてはすぐに結論を出すことはできないが、少なくともより一層古い時代の日本語では濁音前鼻音が弁別的であったと考えるべきだろう。図3・1から有史以前の日本語には有声音対無声音の対立がなかった可能性が高いと考えられる。

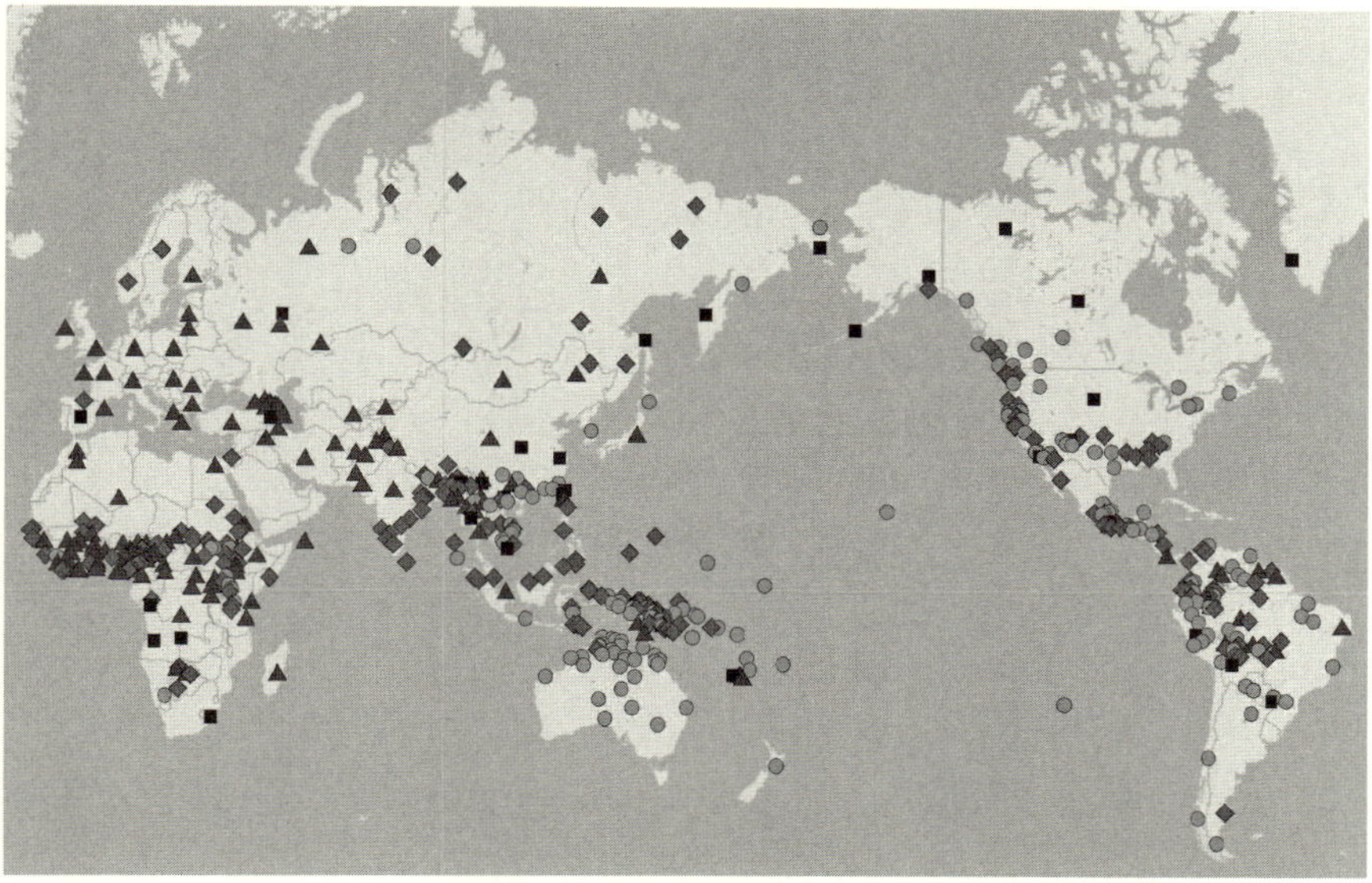

図 3・1　WALS Online による言語地図

●No voicing contrasut　182,　◆In plosives alone　189,　■In fricatives alone　38,
▲In both plosives and fricatives　158

World Atlas of Language Structures（WALS と略称される）は現在世界に存在する約 6000 ともいわれる言語のうち、2560 言語のデータベースである。2008 年から WALS Online としてインターネット上に公開されており、利用者は簡単な操作で上記のような言語地図を作成することができる。

（二）音節構造

奈良時代の日本語では母音音節は語頭にしか立たず、複合語中でも母音の脱落・融合・縮約により母音が連続しなかった。

母音交替

沖森卓也（二〇一八）は「母音交替」「被覆形」「露出形」という術語としての用法を確認したうえで母音交替の研究史を整理している。

このような整理によれば、たとえば「はしきやし－はしけやし〈愛〉」「しみらに－しめらに〈充〉」という関係や、「あさ〈浅〉－うす〈痺〉」「か〈彼〉－こ乙〈此〉」という関係は「母音交代」ということになる。しかし、この両者は文法的機能に差異は認められないものの、前者は音変化に基づくのに対して、後者は意味の差異に対応する母音の入れ替わりである。上代日本語の形成を考える上で、このように質的に異なるものを一様に「母音交代」などと記すことには問題がある。

母音の脱落・融合・縮約

上代日本語の音節構造は、短母音開音節のみのCV構造だったというのが通説である。また、母音だけの音節が語中・語尾に位置することができなかった。複合語化して母音が連続する場合、以下のように①母音の脱落、②母音の融合が生じた。

① 脱落　ワガイヘ＞ワガヘ・ワギヘ（我家）
② 融合　ナガイキ＞ナゲキ（長息）

字余り

短歌は五・七・五・七・七という音数律による「三十一文字（みそひともじ）」の定型から成るが，その音数を超過したものをいう。本居宣長は『字音仮名用格』で古代の和歌の字余りの句中には単独の母音音節が含まれていることを発見した。古代の日本語は二つの母音の直接接触を忌避し縮約する傾向があることから単独母音を含む句は字余り句となっても許容されたと考えられる。宣長の法則の発見によって『万葉集』の訓読研究は大いに進み、多くの句が改訓された。宣長の指摘した法則の例外についても、その後音節の結合度や詠唱法の観点などから多くの研究が行われてきた。

撥音・促音・長音・拗音

上代語の音節は母音（V）または子音＋母音（CV）だけが存在しており、撥音・促音・長音・拗音を表す音節は存在していなかった。

五．奈良時代のアクセント

諸方言間のアクセントには明確な対応関係が見られることからアクセント史研究には比較言語学的な方法が有効である。金田一春彦（一九七四）は「アクセントの語類」としてアクセントの類別語彙表を示し、後に「金田一語類」と呼ばれるようになった。上野善道（二〇〇六）はアクセント語類を「現代諸方言と文献資料における単語アクセントの対応に基づいて祖体系に立てられるアクセントの対立グループ」と定義し、日本語本土方言祖語のアクセントを再建した。近年では琉球諸語と日本語の比較を通じ、日琉祖語のアクセントを再建する研究も行われている。杉崎好洋の一連の研究が指摘するように、日本語アクセントの周圏分布から、日本語アクセントは畿内アクセントが伝播して形成された可能性を認めるべきだろう（図3・2、3・3参照）。

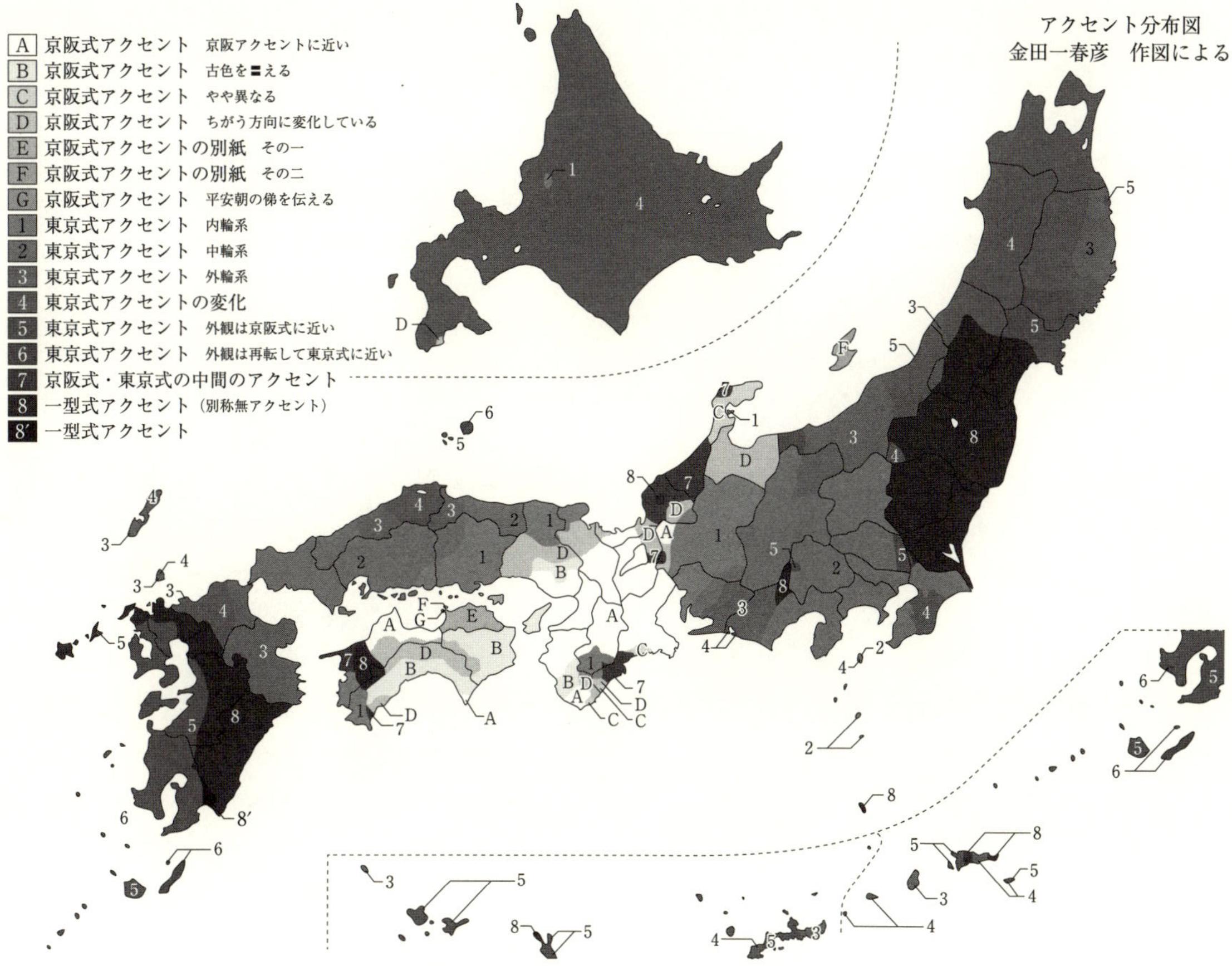

図 3·2　金田一のアクセント分布（木部暢子（2010）による）

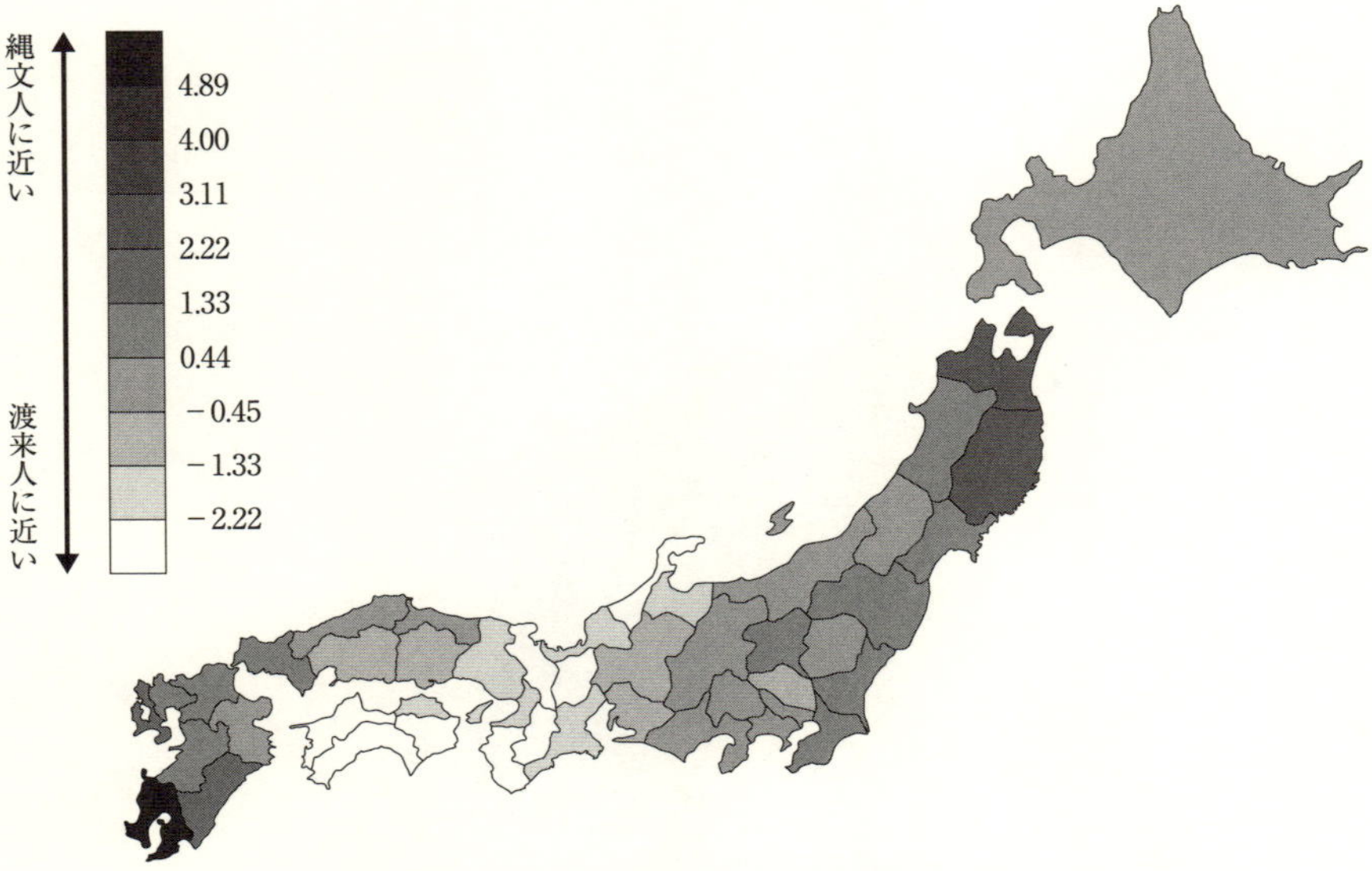

図 3·3　縄文人・渡来人のゲノム分布（出村政彬（2021）による）
縄文人由来のゲノム比率が極めて高い沖縄県は地図に含んでいない。渡来人由来のゲノム比率が高い地域は列島の中央部にある程度集まって見える。

上代語のアクセント資料としては『古事記』の声注《しょうのちゅう》（神名を表す漢字に加えられた三三例の「上」「去」の文字による注記。「去」は一例のみ）が知られていたが、高山倫明によって『日本書紀』α群の一部の歌謡で漢字原音声調を日本語アクセントを反映するように用いていることが明らかにされ、その結果奈良時代のアクセントと平安時代のアクセントに類似性があることが確認された。

（一）『古事記』の「声注」

高山倫明によって『日本書紀』α群音仮名の原音声調が奈良時代アクセントを反映していることが指摘されるまで、『古事記』の声注は上代語のアクセントを推定するための唯一の資料だった。声注があるのは三〇か所余り（訓文字対象の声注二〇か所、音仮名対象の訓注一四か所）であり、神名などの一部の文字に「上」「去」の文字が付されるという形式を取っている。山口佳紀（一九八八）は先行研究を踏まえ、「妹菅竈上由良度美」の「竈」を「龜」の誤写である説を提出し、さらに小松英雄（一九七三）等の先行研究で十分には解決されてこなかった音仮名対象の声注一四例の果たしている統一的機能について考察している。『古事記』声注の研究史を通じて『古事記』の時代のアクセントが平安時代のそれと大同であったこと、施注者（太安万侶か）が日本語のアクセントに深い理解をもっていたことを知ることができる。

（二）『日本書紀』α群原音声調

高山倫明は、森博達（一九七七）の漢字原音に基づく書紀区分論を踏まえ、『日本書紀』α群の一部歌謡において音仮名原音声調が奈良時代の日本語アクセントを反映していることを発見した。原音声調が示す日本語アクセントは岩崎本『日本書紀』などに注記されている声点（平安時代中期に移転されたもの）の表すアクセントによく一致する箇所があり、奈良時代のアクセントは平安時代のそれと大きく変わらないものであることが明らかとなった。平安時代の京都アクセントでは複合語のアクセントの式（語頭の高さ）は前部成素のそれと一致することが式保存の法則（金田一法則）として知られており、そのことから奈良時代と平安時代のアクセントの同質性が予測されていたが、高山の研究はそれを実証した。

続守言が担当したのは巻一四・一五・一六・一七・一九・（二〇）・（二一）、薩弘恪が担当したのは巻二四・二五・二六・二七・（二八）・（二九）・（三〇）である。いま続守言の担当した巻二七の中から原音声調と日本語のアクセントの高い一一六番歌と一致率が低い一一八番歌について鈴木豊（二〇一八）から示す（図3・4）。

（三）日本紀講書とアクセント

『日本書紀』撰進の翌年、養老五年（七二一）に第一回日本紀講書が執り行われた。第二回講書の記録である『弘仁私記』序によれば養老の講博士は太安万侶であるという。養老講書の私記は現存しないが、「養老」の注記をもつ古訓として『弘仁私記』や『日本書紀』古写本にその姿をとどめており、それらには上代特殊仮名遣いの異例が見られないところから、養老講書時の姿をとどめたものであると見られている。現存『弘仁私記』序の冒頭には「案依養老私記」と記されている。この序は弘仁講書に参加した大春日頴雄（穎雄）が、弘仁講書の講博士多人長が作成した私記に後から付したものだろう。序に依れば弘仁講書では「以丹点明軽重」とあり、万葉仮名の和訓に声点を施したことが知られる。『日本書紀』・『日本紀私記』に注記されている声点群は奈良時代

α群歌謡の音仮名について以下のA～Fの情報を示した。

A：一致／不一致（D:とF：が一致→○、不一致→×、B:区別なし・D:入声→—）

B：音仮名（音節に平仄の対立ない場合はゴシック体で表示）

C：原音声調（森博達（1991）による）

D：原音声調による高低パターン（平声＝＿、上声・去声＝￣、入声＝△）

E：声点（L＝平声、H＝上声、R＝去声、F＝平声軽、△＝入声鈴木豊（1988）（2003）による）

F：声点による推定アクセントの高低パターン（L＝＿、H＝￣、R＝／、F＝＼）

歌番号の後の数字は、×不一致数-○一致数-—無区別数を示す。続いて一致数／合計数＝一致率を示す。合計数は一致数＋不一致数。一致率は小数点第二位を四捨五入した。

116番　1-28-2 28 ／ 29 ＝ 96.6

A：○—○○○　—○○○○○○　○○○○○　○○○○○×○　○○○○○○○

B：伊磨紀那屢　乎武例我禹杯爾　倶謨娜尼母　旨屢倶之多々婆　那爾柯那皚柯

C：平平上平去　平上去上上平上　平平上平上　上去平平平平平　平上平平平平上

D：＿＿￣＿￣　＿￣￣￣￣＿￣　＿＿￣＿￣　￣￣＿＿＿＿＿　＿￣＿＿＿＿￣

E：LHHLH　HHHHHLH　LLHLF　HHLLLHL　LHLLLLH

F：＿￣￣＿￣　￣￣￣￣￣＿￣　＿＿￣＿＼　￣￣＿＿＿￣＿　＿￣＿＿＿＿￣

118番　10-13-8 13 ／ 23 ＝ 56.5

A：——×○×　××○—○——　○○○——　—○○××○○　○×××○×○

B：阿須箇我播　瀰儺蟻羅毗都々　喩矩**瀰都**能　阿比娜謨儺倶母　於母保喩屢柯母

C：平平去上去　平平上平平平平　去上上平平　平上上平平平上　平上上去去平上

D：＿＿￣￣￣　＿＿￣＿＿＿＿　￣￣￣＿＿　＿￣￣＿＿＿￣　＿￣￣￣￣＿￣

E：LLLHL　HHHHLHH　HH**HH**H　HHHFRLF　LLLLHHF

F：＿＿＿￣＿　￣￣￣￣＿￣￣　￣￣￣￣￣　￣￣￣＼／＿＼　＿＿＿＿￣￣＼

図3·4　音仮名原音声調と平安時代京都アクセントの対応

から平安中期までの空白を埋める可能性がある資料である。詳しくは鈴木豊（二〇一八）を参照していただきたい。

おわりに

亀井孝ほか（一九六三）（『日本語の歴史第三巻』）には「書紀の会話文、とくに〈神代紀〉などに、このような性格をもつ部分が少なくないことからみれば、逆に、書紀の編纂に帰化人系が参したのではないかという推察さえうまれるのである」との記述がある。森博達の一連の研究によって『日本書紀』α群は「帰化人」によって記されたことが明らかにされた。一方β群や語音に基づく『古事記』や『万葉集』の音仮名は「倭音」とされ、いまだに日本人の手によって記された資料と見られているようである。第三節第二項に記したとおり松本克己（一九七五）は上代の母音体系について「いかなる断絶も飛躍も起こら」ず、「顕著な変化が起こったとすれば、それはただ書記法の面においてだけであ」り、「この変化は，おそらく帰化人（あるいは少なくともバイリンガルな書記階層）の手によって成立したと思われるかなり人工的な書記体系の日本語への漸次的適合」であったと記している。

『日本書紀』の成立過程が明らかにされつつある現在、『日本書紀』β群はもちろん上代の万葉仮名資料の表記者は「帰化人（あるいは少なくともバイリンガルな書記階層）」と考える立場からの研究がなされるべきだろう。

奈良時代における上代特殊仮名遣い、アクセント、清濁の対立などの考察を通じて得られる結論は、日本語の形成には弥生時代から八世紀末頃までの間に日本列島に渡来した帰化人の影響が強く関わっていたであろうということである。中国語（呉音の元となった中国大陸南方音）を母語とする人々が、直接あるいは朝鮮半島経由で間接的に日本列島の畿内を中心に渡来し、彼らの獲得した日本語が中央日本語として誕生した。その中央語が地方に伝播した姿が現在の方言分布ということになるだろう。帰化人たちは渡来後に日本語を習得したが、その日本語は母語である古代中国語の影響を受けて有アクセント、清濁の対立をもつ日本語であった。中央語のアクセントの起源が比較的新しいこと（金田一法則がそれを裏付ける）、和語に清濁の対立のなかったらしいこと（連濁現象が存在することや語頭に濁音が立たないことから知られる）、語頭にラ行音が立つことができることは帰化人たちの言語の影響を想定することで、ようやく理解可能となるのである。帰化人たちがその人口を大きく増加させることによってアクセントと清濁の対立がある「新しい日本語」（帰化人が習得したクレオール日本語）は畿内・四国以外の日本列島に広がったのだろう。図3・1により無声音と有声音の対立がある言語が環太平洋上に分布していることが知られる。このような日本語の形成モデルに依拠することで、はじめて日本語の歴史と地理的分布を合理的に理解できるようになるだろう。

上記のような日本語の形成モデルを想定することはあくまで試案であるが、従来の比較言語学的な研究によって日本祖語を再構する方法に対する有力な研究方法となるだろう。

参考文献

秋永一枝・上野和昭・坂本清恵・佐藤栄作・鈴木豊編（一九九七）『日本語アクセント史総合資料 索引篇』東京堂出版

秋永一枝・上野和昭・坂本清恵・佐藤栄作・鈴木豊編（一九九八）『日本語アクセント史総合資料 研究篇』東京堂出版

有坂秀世（一九三一）「国語にあらはれる一種の母音交替」『音声の研究』一九三一年一二月号

有坂秀世（一九三二）「古事記に於けるモの仮名の用法について」『国語と国文学』九‐一一

有坂秀世（一九三四）「母音交替の法則について」『音声学協会会報』、一九三四年五月号（有坂秀世（一九五七）『国語音韻史の研究 増補新版』三省堂に再録）

有坂秀世（一九三四）「古代日本語に於ける音節結合の法則」『国語と国文学』一一‐一

有坂秀世（一九四四）『国語音韻史の研究』明星堂書店（一九五七年増補新版、三省堂）

有坂秀世（一九五五）『上代音韻攷』三省堂

池上　啓（一九八八）「『古事記』における「モ」の表記」『作新学院女子短期大学紀要』一二

池上禎造（一九三二）「古事記に於ける仮名「毛・母」に就いて」『国語国文』二‐一〇

出村政彬（二〇二一）「特集：ヤポネシア 四七都道県人が明かす日本人の起源」『日経サイエンス』二〇二一年八月号

伊藤英人（二〇一三）「朝鮮半島における言語接触――中国圧への対処としての対抗中国化――」東京外国語大学『語学研究所論集』一八

井上　亘（二〇一一）「『日本書紀』の謎は解けたか」大山誠

一編『日本書紀の謎と聖徳太子』平凡社
上野善道（二〇〇六）「日本語アクセントの再建」『言語研究』一三〇
大野　晋（一九五三）『上代仮名遣いの研究』岩波書店
大野　晋（一九七七）「音韻の変遷（一）」『岩波講座日本語5音韻』岩波書店
沖森卓也（一九八三）「古日本語の母音体系」『国文白百合』一四
沖森卓也（一九八五）「古代日本語アクセントの史的形成」『立教大学日本文学』五五
沖森卓也（二〇一七）『日本語全史』筑摩書房
沖森卓也（二〇一八）「いわゆる「母音交代」をめぐって」『歴史言語学の射程』三省堂
加藤謙吉（二〇一八）『日本古代の豪族と渡来人――文献資料から読み解く古代日本――』雄山閣
亀井　孝（一九五四）「書評・紹介：大野晋『上代仮名遣いの研究』」『言語研究』二五
亀井　孝（一九五七）「古事記はよめるか」『古事記大成――言語文字編――』平凡社（『亀井孝論文集四』吉川弘文館、一九八五に再録）
亀井孝・大藤時彦・山田俊雄編（一九六三a）『日本語の歴史　第一巻――民族のことばの誕生――』平凡社
亀井孝・大藤時彦・山田俊雄編（一九六三b）『日本語の歴史　第二巻――文字とのめぐりあい――』平凡社
亀井孝・大藤時彦・山田俊雄編（一九六四c）『日本語の歴史　第三巻――言語芸術の花開く――』平凡社
亀井孝・他（一九六四d）『日本語の歴史　第四巻――移りゆく古代語――』平凡社
亀井孝・大藤時彦・山田俊雄編（一九六六）『日本語の歴史別巻――言語史研究入門――』平凡社
岸江信介（二〇〇六）「京阪式アクセントは東京アクセントより本当に古いのか」、中井精一・ダニエルロング・松田謙次郎編『日本のフィールド言語学――新たな学の創造に向けた富山からの提言――』『日本海総合研究プロジェクト研究報告』四桂書房
木田章義（一九九八）「p音続考」『奥村三雄教授退官記念国語学論業』桜楓社
木田章義（二〇〇〇）「国語音韻史上の未解決の問題――〈特集〉音声研究の課題――」『音声研究』四-三
木田章義（二〇一二）「上代特殊仮名遣と母音調和」『国語国文』八一-一一（九三九号）
木田章義（二〇一三）「第四章　音韻史」『国語史を学ぶ人のために』世界思想社
木田章義（二〇一四）「狸親父の一言――古事記はよめるか――」『国語国文』八三-九（九六一号）
木部暢子（二〇一〇）「方言アクセントの誕生」『国語研プロ

ジェクトレビュー』二
木部暢子（二〇一六）「第4章 アクセント史」高山倫明・木部暢子・早田輝洋・松森晶子・前田広幸編『シリーズ日本語史1 音韻史』岩波書店
金田一春彦（一九七四）『国語アクセントの史的研究 原理と方法』塙書房
釘貫 亨（一九八八）「上代オ列音の変遷に関する学説」『国語国文』五七-一
釘貫 亨（一九九六）『古代日本語の形態変化』和泉書院
呉 英玉（二〇一五）「日本呉音の全濁の清音化」『京都大学國文學論叢』三三
小松英雄（一九七三）『国語史学基礎論』笠間書院（一九九四年増訂新装版）
阪倉篤義（一九六六）『語構成の研究』角川書店
阪倉篤義（一九九〇）「古代日本語の内的再構――名詞の構成法を中心に――」崎山 理編『日本語の形成』三省堂
篠田謙一（二〇一九）『新版 日本人になった祖先たち――DNAが解明する多元的構造――』NHK出版
杉崎好洋（二〇〇〇）「人類学、考古学は日本語アクセント分布とどう関わるか」『名古屋・方言研究会会報』一七
杉崎好洋（二〇〇三）「人類学、考古学は日本語アクセント分布とどう関わるか（二）――付・朝鮮語アクセント分布――」『名古屋・方言研究会会報』二〇
杉崎好洋（二〇〇八）「人類学、考古学は日本語アクセント分布とどう関わるか（三）――イデオロギーとしての〈自律変化説〉――」『山口幸洋先生古希記念論文集 方言研究の前衛』桂書房
鈴木 豊（二〇一八）「『日本書紀』α群の万葉仮名――原音声調と日本語アクセントとの対応――」アクセント史資料研究会『論集』XIII
鈴木 豊（二〇二〇）『日本書紀声点本の研究』勉誠出版
関 晃（一九五六）『帰化人 古代の政治・経済・文化を語る』至文堂（一九九六年『関晃著作集第三巻 古代の帰化人』吉川弘文館に再録、二〇〇九年講談社学術文庫）
全 昌煥（二〇〇二）「日本呉音と呉方言の音韻的対応関係――主に梗摂字の音価を中心として――」『現代社会文化研究』二五
高山倫明（二〇一二）『日本語音韻史の研究』ひつじ書房
高山倫明（二〇一六）「第三章 音韻史」、高山倫明・木部暢子・早田輝洋・松森晶子・前田広幸編『シリーズ日本語史1 音韻史』岩波書店
田中史生（二〇一九）『渡来人と帰化人』角川書店
橋本進吉（一九三七）「万葉集は支那人が書いたか」『国語と国文学』一四-一（『上代語の研究 橋本進吉博士著作集第5冊』（岩波書店、一九五一）
橋本進吉（一九四九）『文字及び仮名遣の研究 橋本進吉博

士著作集第3冊』岩波書店

橋本進吉（一九五〇）『国語音韻の研究　橋本進吉博士著作集第4冊』岩波書店

橋本進吉（一九六六）『国語音韻史　橋本進吉博士著作集第6冊』岩波書店

蜂矢真郷（一九八一）「音節被覆形　露出形のアクセント——金田一法則の例外について——」『万葉』一〇七

服部四郎（一九七六a）「上代日本語の母音体系と母音調和」『言語』五-六（服部四郎（二〇一八）に再録）

服部四郎（一九七六b）「上代日本語のいわゆる〝八母音〟について」『日本学士院紀要』三四-一（服部四郎（二〇一八）に再録）

服部四郎（一九七六c）「上代日本語の母音音素は六つであって八つではない」『月刊言語』五-一二（服部四郎（二〇一八）に再録）

服部四郎（一九八三）「過去の言語の音韻共時態再構の方法——上代日本語を例として（上）・（下）」『言語』一二-七、一二-八

服部四郎（一九八四）「中古漢語音と上代日本語音——paper phonetics 的思考を防ぐために——」『言語』一三-二

服部四郎著・上野善道補注（二〇一八）『日本祖語の再建』岩波書店

林　史典（一九八三）「中古漢語の介母の日本呉音」筑波大学『文藝言語研究　言語篇』八

林　史典（一九九二）「「ハ行転呼音」は何故「平安時代」に起こったか－日本語音韻史の視点と記述－」『国語と国文学』六九-一一

早田輝洋（一九九六）「上代日本語の音韻をめぐって（上）」「同（下）」『言語』二五-九、二五-一〇

早田輝洋（一九九八）「上代日本語の音節構造とオ列甲乙の別」『音声研究』二-一

早田輝洋（一九九九）『音調のタイポロジー』大修館書店

早田輝洋（二〇一七）『上代日本語の音韻』岩波書店

肥爪周二（二〇一九）『日本語音節構造史の研究』汲古書院

平山久雄（一九六七a）「唐代音韻史に於ける軽唇音化の問題」『北海道大学文学部紀要』一五-二

平山久雄（一九六七b）「中古漢語の音韻」『中国文化叢書1言語』大修館書店

藤井游惟（二〇〇七）『白村江敗戦と上代特殊仮名遣い——「日本」を生んだ白村江敗戦　その言語学的証拠——』東京図書出版会

藤岡勝二（一九〇一）「日本語の位置（一）」「同（二）」「同（三）」『国学院雑誌』一四-八、一四-一〇、一四-一一

松本克己（一九七五）「古代日本語母音組織考——内的再建の試み——」『金沢大学法文学部論集文学編』二二

松本克己（一九七六a）「日本語の母音組織」『言語』五-六
松本克己（一九七六b）「万葉仮名のオ列甲乙について」『言語』五-一一
松本克己（一九八四a）「古代日本語母音組織再論――言語類型論の立場から――」『言語研究』八六
松本克己（一九八四b）「言語史の再建と言語普遍」『言語研究』八六
松本克己（一九九五a）「日本語における動詞活用の起源」（松本克己（一九九五）『語源探求』第四巻（一九九四年明治書院））
松本克己（一九九五b）『古代日本語母音論　上代特殊仮名遣の再解釈』ひつじ書房
松本克己（一九九八）「ユーラシアにおける母音調和の二つのタイプ」『言語研究』一一四
松本克己（二〇〇七）『世界言語のなかの日本語：日本語系統論の新たな地平』三省堂
馬渕和夫（一九八八）「上代特殊仮名遣いの消失過程」『国語音韻論』笠間書院
丸山裕美子（二〇一四）「帰化人と古代国家・文化の形成」『岩波講座日本歴史第5巻　古代5』岩波書店
水谷真成（一九九四）「唐代における中国語語頭の Denasalization 進行過程」『東洋学報』三九-四
三宅武郎（一九三三）「假名遣の研究」『國語科學講座V（一二）』明治書院
森　公章（一九九八）『「白村江」以後　国家危機と東アジア外交』講談社
森　博達（一九九一）『古代の音韻と日本書紀の成立』大修館書店
森　博達（一九九九）『日本書紀の謎を解く――述作者は誰か――』中央公論社
森　博達（二〇〇三a）「第6章　稲荷山鉄剣銘とアクセント」、小川良祐・狩野久・吉村武彦編『ワカタケル大王とその時代』山川出版社
森　博達（二〇〇三b）「日本書紀成立論小結――併せて万葉仮名のアクセント優先例を論ず――」『国語学』五四-三
森　博達（二〇一一）『日本書紀 成立の真実――書き換えの主導者は誰か――』中央公論社
安田尚道（二〇〇四）「橋本進吉は何を発見しどう呼んだのか――上代特殊仮名遣の研究史を再検討する――」『国語と国文学』八一-三
山口幸洋（一九九八）『日本語方言一型アクセントの研究』ひつじ書房
山口佳紀（一九八五）「第一章 形態音韻論 第四節 母音体系」『古代日本語文法の成立の研究』有精堂出版
山口佳紀（一九八八）「『古事記』声注の一考察――音仮名対

象の声注を中心に――」『萬葉』一三〇
山口佳紀（一九八九）「日本語Ⅱ-一　日本語の歴史　音韻」、亀井　孝ほか編『言語学大辞典　第２巻　世界言語編（中）』三省堂（亀井孝・河野六郎・千野栄一編（一九九七））『言語学大辞典セレクション　日本列島の言語』（三省堂に再録）
湯沢質幸（二〇一〇）『増補改訂　古代日本人と外国語――東アジアの異文化交流と言語世界――』勉誠出版
頼惟　勤（一九八九）「Ｉ総説」『頼惟勤著作集Ｉ　中国音韻論集』汲古書院
Bjarke Frellesvig, Jo Whitman 編（二〇〇八）*Proto-Japanese: Issues and Prospects*, John Benjamins Publishing Company

第四章　語　彙

沖森卓也

一．語の認定

語彙を考える上では、まずひとつひとつの語の外面的な発音（語形）と、内面的な意味（語義）とが分析されていなければならない。語形は表記（発音を記したもの）から確定され、語義は主として文脈から判断される。上代では仮名が未成立であったため、すべて漢字で記されている。漢字は万葉仮名や借訓字などとして使用されると、表音的に語形を示す一方、表意的には漢字本来の意味を表出し、日本漢文（和化漢文を含む）では訓として和語を表す（漢字は借用語として漢字音で音読する場合もある）。

上代の文献に万葉仮名（もしくは借訓）によって表記されて初めて、その語形の存在が上代語として確実視される。たとえば、「故保斯苦」（『万葉集』⑤八七五、恋《こほ》しく）が形容詞「恋《こひ》し」の古形であったことは、万葉仮名でコホシクと音節表記されていることで証明される。「さえずる」という語は『古今和歌集』には「百千鳥《ももちどり》さへづる春は」（春上・二八）とあって、平安時代には「さへづる」（享和本『新撰字鏡』の「囀」に「左戸豆留」とある）という語形であるが、『新訳華厳経音義私記』（七九四年写）の「辺呪語呪」の注には「佐比豆利」と見えることから、奈良時代以前は「さひづる」と発音されていたことがわかる。万葉仮名（もしくは借訓）による音節表記は語形の認定に不可欠なのである。

「纈十九匹」（『日本書紀』巻二七、天智六年閏十一月丁酉条）の「纈」は字音で読まれた可能性も否定しきれないが、並記される「錦十四匹」（同条、『万葉集』⑨一八〇七に「錦綾《にしきあや》」が見える）と同様に、『日本書紀』編纂当時も和語を記したものと見てよかろう。そうすると、「纈」を訓読することになるが、古訓（北野本）には「ユハタ」とある（『新撰字鏡』『和名類聚抄』にも「纈」の注に「由波太」と記す）。他方、『万葉集』⑯三七九一の長歌には次のように見える。

頸著之童子蚊見庭結幡之袂著衣服我
うなつきの童髪《わらはかみ》には結幡《ゆひはた》の袖《そで》付け衣《ころも》着し我を（『万葉集』⑯三七九一）

「結幡之」は五音句に当たることから、ここでは訓によって「ゆひはたの」と読まれよう。「ゆひはた」とは〈糸で布のあちこちを結んで染めた織物《はた》〉の意であり、「ゆひはた」から転じて九世紀末には「ゆはた」という語形が生じていたと考えるのが妥当である。この場合、奈良時代の語として「ゆひはた」があったことは認められるが、「ゆはた」という語は確たる証拠に乏しい。

ただし、訓読の根拠に苦慮する場合も少なくない。たとえば、『続日本紀』巻二・大宝二年七月癸酉条に「大幣及月次幣例」という記事が見える。これは「大幣《おほぬさ》と月《つき》次《なみ》の幣《ぬさ》との例《ためし》」と訓読されているが、「つきなみ」という読みは上代文献に手がかりを得ることはできない。十世紀になって「つきなみ」という語形が記されるようになり、観智院本『類聚名義抄』に「月次　ツキナミ」ともあることから、おそらく奈良時代にも「つきなみ」という語形で用いられていたであろうと推定しているのが現状である。

『万葉集』や記紀歌謡などにおいては、万葉仮名表記を含むなど読みが確定できる場合が多いが、漢文（和化漢文を含む）で表意的に書かれている場合、その語（漢字表記）をどう読むか、どのような和語に相当するのかということは、上代の語彙を考える上で根本的な問題である。その語が存在するかどうか、どのような語形・語義であるのかという判断にかかわるからである。さらには、文献に書き記される語は書き言葉であり、しかも改まった、雅な言葉であるようにも推定されることから、奈良時代までの、話し言葉、ふつうに用いられていた語彙がどのようなものであったかを判断することは容易ではない。

このように、考察の対象とされるような語はいわば氷山の一角でしかないことを踏まえつつ、日本語の最も古いすがたを見ていくことにする。

二．上代語の語彙量と語種

（一）上代の語彙量

語が品詞としてとらえられる単位にほぼ相当するものとすると、『万葉集』における使用語数は六五〇五語であるという報告がある（宮島達夫（一九七一））。ただ、これはひとつの歌集に用いられている語数を示したものに過ぎず、語の認定のしかたによっても少なからぬ差異が生じることから、上代語の語彙量を一口で述べることはむずかしい。なお、『時代別国語大辞典上代編』（一九六七）の「上代語概説」では、上代語全体ではおよそ一万五千語、特に博学な官人における理解語彙数は三～四万語ぐらいであろうと推測している。

（二）上代語の語種

語彙の由来についていえば、たとえば、英語はゲルマン系言語であるが、十一世紀以降フランス語の影響を受けるようになって、いわば二重構造を有している。日本語では、ことばの出自によって和語（日本固有の語）、漢語（中国語からの借用語）、外来語（中国語以外の外国語からの借用語）という三分類が行われているが、十六世紀以降の外来語はさておき、漢語は古くから日本語の語彙に入り込んでいた。それは、中国秦代以降、東アジアで絶大な力を有していた中国から歴史的に少なからぬ影響を受けてきたからで、このことは当然、言語にまで及ぶ。

（三）和語は固有語か

漢語は今日まで日本語の語彙として用いられており、その認定は容易で、和語という日本固有語（やまとことば）と区別しやすいように見える。和語とは数詞の「ひと」「ふた」「み」、身体名称の「め」「て」「あし」、親族名称の「ちち」「はは」「こ」、自然に対して用いる「やま」「うみ」「かは」などで、「いち（一）」「に（二）」「さむ（三）」や「はかせ（博士）」「ほふし（法師）」「びは（琵琶）」「ろくろ（轆轤）」などといった漢語とは音の感じなども異なるので、上代においても区別しようとすればできたかもしれない。

しかしながら、上代の語彙にはすでに和語化している漢語もあり、当時においても語種の違いを明確に意識できたかどうか疑わしい。たとえば、「かみ〈紙〉」という語は一見、和語のように見える。紙は古代ではきわめて貴重なものであり、簡単に使うことができるものではなかった。奈良時代には経典の書写を仕事とする写経生がいたが、正倉院文書によると、書き間違えると罰金を取られたことが知られる。紙の製法は後漢の蔡倫によって集大成されたもので、日本には六一〇年に伝わったとされ、「かみ」が日本固有のものでないことは明らかである。このように、紙という事物自体が舶来のものであれば、その事物名「かみ」も固有のものとは言い切れない。おそらく、この語は「簡」の字音［kʌn］（推定音は藤堂明保による中古音。以下同じ）を開音節化させ、［kani→kami］というように変化したものと考えられる。文明的文化的な事物や概念は日本に借用された可能性が極めて高く、「きぬ〈絹〉」も中国から製法が伝わったもので、［kiuɛn（絹）→kinu］というように和語化したと考えるのが妥当である。

また、「寺」がジという字音をもつのに対して、「てら」という読みは日本固有の語（和語）のように感じられる。しかし、「あま〈尼、パーリー語 ammā から〉」や「かはら〈瓦、梵語 kapāla〉」とともに、「てら」も仏教伝来とともに用いられた語であり、朝鮮語「チョル」からの借用であって、［tior→tiora→tera］というように変化した語であると見られる。古くから大陸の文化を摂取することに努めてきたため、他の言語から借用され、古くに日本語に溶け込んでしまった語も少なくないであろう。

そこで、次の表4・1に、古代朝鮮語から日本語に借用されたかと考えられる例を対照させて少し示しておく（表中では日本語のハ行子音をpで示すことにする）。

表4・1　古代朝鮮語からの借用語

日本語	朝鮮語	日本語	朝鮮語
kama〈窯〉	kama〈窯〉	ama〈母〉	am〈母〉
nata〈鉈〉	nat〈鎌〉	kasa〈笠〉	kas〈笠〉
kusi〈串〉	kos〈串〉	kura〈洞〉	kol〈洞〉
mura〈村〉	mail〈村〉	kusiro〈釧〉	kosïl〈珠〉
siru〈汁〉	sïl〈汁〉	ösupi〈襲〉	os〈着物〉
pata〈畑〉	pat〈畑〉	kopori〈郡〉	kopor〈郡〉
namari〈鉛〉	nap〈鉛〉	kubo〈窪〉	kum〈窪〉
udi〈氏〉	ul〈氏〉		

（「かささぎ」カサは朝鮮語 katʃï から、サギは「鵲」の朝鮮字音からという）

「こほり・むら」などの行政単位、「かさ・かま・なた・くし・なまり」などの道具・鉱物名などは文化的観点から見て借用された可能性が高い。このほか、『万葉集』には遊戯用語「かり」「つく」「ころ（「杰」ケツの朝鮮字音の転）」が見えるほか、「さし〈城〉」、「すき〈村〉」、「むれ〈山〉」、「さち〈幸、sal〈矢〉から〉」、「くち〈鷹〉」、「くら〈椋・倉〉」などが朝鮮語由来の語かと考えられる。さらに、サンスクリット語起源の語には、「かはら〈瓦 kapāla〉」などがあり、アイヌ語起源かと見られる語には「えみし〈蝦夷〉」、「かには〈桜皮〉」、「すけ〈鮭〉」などがある（オーストロネシア語族や高句麗語との関係は概説を参照されたい）。

「かみ・きぬ・てら・むら」などは漠然と日本固有の語として捉えられがちであるが、古くから大陸の異民族と接触し、その文化を摂取してきた背景を改めて考え直すと、何が固有語であるか峻別するのはきわめて困難になる。しかし一方で、「かみ・きぬ・てら・むら」などが和語であるという見方も伝統的に行われている。それは、字音による語でなければ和語であるという考え方が根底にあるからである。たとえば、「梅」「馬」は字音のメ・マを発音する際、語頭子音の鼻音的要素を強めて[mme][mma]のように発音したところから「うめ」「うま」となった。これに対して、「梅」にはバイ、「馬」にはマ・バ、またメ（「馬頭《めず》」の類）があって、「うめ」「うま」は中国漢字音と異なっていることから漢語ではないという扱いになるのである。ちなみに、「きく〈菊〉」「ゑ〈絵〉」は、その語形が漢字音と意識されるため、和語と区別される。つまり、「和語」とは、漢字を、字音（主として呉音・漢音）では読まない語、すなわち「訓」とほぼ同義であるものとなる。結局、「和語」は日本固有の語であるかどうか、その固有性を問うた概念ではなく、単に漢語と区別する概念にしか過ぎず、字音語（漢語）とは判断できない語を古い時代から漠然と称してきたものといってよい（以下、漢語については後述する）。

三．和語の構造と生成

（一）和語の語構成

「あさかぜ」は「あさ〈朝〉＋かぜ〈風〉」からなる語で、「あさ」「かぜ」のようにそれだけで単独で語構成要素となる単位を語基と呼ぶ。ひとつの語基からなる自立語を単純語、それ以外を合成語と称し、合成語はさらに分類して、複数の語基からなる語を複合語、語基と接辞からなる語を派生語という。

(一)単純語　［例］木《き》　日《ひ》　山《やま》　草《くさ》　心《こころ》　有《あ》り　聞《き》く
(二)合成語
・派生語　［例］さ夜《よ》　み歌　さ迷《まよ》ふ　華《はな》やか
・複合語　［例］鍋《なべ》　朝曇《あさぐもり》　聞《きこ》し召《め》す　腹黒《はらぐろ》し

ちなみに、複合語の前項と後項の結びつきは全般的に後代より緩やかで、その結合によって生じる連濁は必ずしも進んだものではなかった。たとえば、「海原《うなばら》」は「宇奈波良《うなはら》」（『万葉集』⑳四三三五）と記されていて、連濁を起こしていなかった。（濁音は濁音表記によって確認されなければならないとするのが上代語研究の立場で、たとえば「壺《つぼ》」は「都保《つほ》」（『万葉集』⑧一四四四）によってホが清音、「武蔵《むさし》」は「无邪志《むざし》」（『古事記』上巻）によって第二音節が濁音と認定される）。

なお、意味を有する最小の言語単位を「形態素」ということがあり、その場合、単純語は形態素単語と呼ばれる。これに対して、特定の品詞性をもたない形態素、たとえば、「うつはぎ〈全剝〉」の「うつ」、「まろね〈丸寝〉」の「まろ」などを形状言とも呼ぶ。

（二）和語の語音構造

和語の特徴として、同じような性質をもつ語がよく似た音形をもつことがある。たとえば、数詞で見ると、母音の違いによって語が対応している。

fito〈一〉：futa〈二〉　mi〈三〉：mu〈六〉
yo〈四〉：ya〈八〉　futa〈二〉：fata〈二十〉

ここでは、ひとつの子音とひとつの母音を音節の基本構造とする上代語にあっては、子音による語形の枠組み、たとえば、ヒトとフタ（そしてハタ）の例で見ると、「f-t-」という構造が意味関係を支えているともいえる。

母音の対応

右の例を踏まえ、さらに語基や形状言を構成する語音構造を見ると、意味とかかわって母音が対応している場合がある。

◎意味の観点
（A）分化的対応（意味が分化・対立のある対応）
asa〈浅〉：usu〈薄〉：oso$_{\text{乙}}$〈遅〉
kata-ru〈語〉：kutu-wa〈口〉：ko$_{\text{乙}}$to$_{\text{乙}}$〈言〉
mi$_{\text{甲}}$〈三〉：mu〈六〉
tuma〈妻〉：to$_{\text{乙}}$mo$_{\text{乙}}$〈友〉

abu-ru〈溢〉：obo-ru〈溺〉

（B）類同的対応（意味が類似する対応）

tawa-wa：to乙wo-wo〈撓〉

susu-ku〈濯〉：soso-ku〈灌〉

ika〈如何〉：iku〈幾〉

ata-taka〈暖〉：atu-si〈熱〉

tuba-ra〈詳〉：tubu-sa〈具〉

suko甲-si：suku-nasi〈少〉

語基や形状言を生産するに当たって、母音調和が関与した結果、このような母音の対応が見られるのであろう。陽性母音a、u、o甲、陰性母音o乙、中性母音i甲を基本母音としており、陽性母音・陰性母音・中性母音の間で母音が対応する場合を外的対応、陽性母音の内部において母音が対応する場合を内的対応と呼ぶこととし、また、形態素内部でどの母音が対応しているかによっても分類しておく。

◎母音調和の観点

（C）外的対応　saya：so乙yo乙〈清〉

utu-ru〈褪〉：oto乙-ro乙fu〈衰〉

（D）内的対応　kaga-mu〈屈〉：kugu・se〈傴〉

ata〈仇〉：uto甲-si〈疎〉

◎位置の観点

（E）全体的対応

kawara：ko乙woro乙〈擬声語〉

madara〈斑〉：modoro-ku〈文〉

（F）部分的対応

yawa-si〈柔〉：yo甲wa-si〈弱〉

niga-si〈苦〉：nigo乙-ru〈濁〉

母音の対応によって、語が生成されてきたことが確認できる（このような観点から考察された論考に、泉井久之助（一九六一）、川端善明（一九九七）などがある）。

次に外的対応の例を加えておく。

ira-tu-ko甲〈郎子〉：iri-bi甲ko甲〈入郎〉：iro乙-se〈同母兄弟〉

na-su〈如〉：ni-ru〈似〉：no-ru〈擬〉

なお、基本母音以外でも「さし」〈狭〉のサと「せーと」〈狭門〉のセのように、形態素内部において対応する例もある。ここでは、形態素の文法的性質が等しい対応である場合（等価的対応）を扱ったが、文法的性質が異なる対応である場合（異価的対応）には母音交替（被覆形と露出形の対応）も含まれる。

ita-naku〈甚泣〉：iti-sirosi〈著〉：ito乙〈甚　副詞〉

右では、イタ・イチは形状言であるのに対して、イトは自立語の副詞である。この例については「kaku-mu〈囲〉：kaki〈垣〉」のような関係をも合わせて分析する必要があり、詳しくは沖森（二〇一八）を参照されたい。

ちなみに、「かたま－かつま〈籠〉」、「たづき甲－たどき甲〈跡状〉」、「にひ甲なへ乙－にはなひ〈新嘗〉」のように音は異なるが、意味内容が同じ語を異形態という。ただ、これは母音の対応ではなく、通時的な音声変化によって生じたと見られる（後述参照）。「タヅ－ツル〈鶴〉」という雅語と俗語の関係もやはり異形態であり、これらは母音の対応と本質的に区別して扱わなければならない。

(三)　語の生成

形状言を基にして特定の品詞に転換していく場合、表4・2のようにその属性を表すための接尾語で拡張されていく（［　］内は別語形）。

表4・2　形状言の拡張

	形状言	形状言拡張形	形容詞	動詞
〈和〉	にこ［にき］	にこ-や　にこ-よか［にこ-やか］	にこ-し	にこ-む［にき-ぶ］
〈定〉	さだ	さだ-か	さだ-し	さだ-む
〈清〉	さや-に	さや-さや　さや-か	さや-けし	さや-ぐ　さや-む
〈緩〉		ゆる-るか［ゆるらか］	ゆる-し　ゆるほ-し［ゆらし］	ゆる-ふ
	形状言	形容詞	動詞	
〈奇〉	あや-に	あや-し	あやし-ぶ	
〈直〉	なほ	なほ-し	なほ-ぶ・なほ-す・なほ-る	
〈生〉	なま	なま-し	なま-めく	
〈広〉	ひろ	ひろ-し	ひろ-む	
	形容詞	動詞		
〈憎〉	にく-し	にく-む		
〈欲〉	ほ-し	ほ-る		
〈暗〉	くら-し	くる〈暮〉		
〈古〉	ふる-し	ふる		
	形状言	形状言拡張形		
〈浅〉	あさ	あさ-ら・あさ-らか		
〈仄〉	ほの	ほの-か		
〈稀〉	まれ［まら］	まれ-ら		
	形状言（拡張形）	形容詞	動詞	
〈寒〉	さむ-ら	さむ-し		
〈密〉	ひそ-か		ひそ-む	
〈萎〉	なよ		なゆ	
〈恵〉	めづ-ら-か	めづ-ら-し	めづ	

紙面の関係で少数の例示に止めるが、こうした対応関係が和語の生成に大いに関与していたことは特記すべきことである。ちなみに、こうした拡張のあり方から語の形成過程がおおよそ推定できる場合もある。

むつ→むつぶ→むつまし→むつまか→むつまやか〈睦〉

「むつまか・むつまやか」はそれぞれ『日本紀私記』乙本、『新撰字鏡』に見える語である。

四．名詞の語彙

（一）和語と音節数

奈良時代以前の和語は複合語を除くと、名詞では一音節ないし二音節語（たとえば、「やま」「ひと」「そら」など）がほとんどで、「こころ〈心〉・ここの〈九〉」などはむしろ例外である。表4・3に一音節からなる単純語を音節ごとに示しておく（上代特殊仮名遣いで二類の別がある音節は、「／」の前が甲類、後が乙類の語である）。

表4・3　一音節の名詞

あ吾	い胆寝	う卯鵜	え榎	お
か蚊香	き杵寸／木	く処	け異／毛食	こ子粉篭／木
さ狭	し磯「羊蹄」	す巣酢簀	せ瀬背	そ十麻／衣其
た田	ち血乳道茅	つ津	て手	と戸門／鳥十跡
な名菜肴	に丹荷	ぬ沼	ね根音	の野／篦
は葉歯羽	ひ日氷桧／火樋	ふ斑	へ辺部／戸舳瓮	ほ穂帆
ま間	み三水／身実箕	む六	め女／目	も裳藻
や屋八矢		ゆ湯	え兄枝江	よ夜／世四
わ輪	ゐ井猪		ゑ餌	を尾男麻緒

表中、オだけが自立的な語がないが、接頭語「お」（「小《お》川」の類）はある。

複数の音節からなる語も語源的には一音節語に分解できることがある。

あと〈跡〉 ← 足《あ》+所《と》〈足で踏んだあとに残されたしるし〉

いめ〈夢「ゆめ」の上代語形〉 ← 眠《い》〈ねむる意の

名詞〉＋目《め》〈睡眠中に見るもの〉

なへ〈鍋《なべ》〉 ← 肴《な》＋瓮《へ》〈おかず（肴《な》）を煮る器（瓮《へ》）の意〉

まへ〈前〉 ← 目《ま》＋辺《へ》〈目の正面にあたるあたり〉

つくえ〈机〉 ← 突《つ》く＋枝《え》〈本体から出ている部分〉

やつこ〈奴〉 ← 家《や》＋つ〈連体助詞〉＋子〈その家に属する従僕〉〉

まほらま ← 真《ま》＋秀《ほ》＋ら〈状態性の意を添える接尾語〉＋ま〈空間・状態を表す接尾語〉〈きわめてすぐれている所〉

ちなみに、動詞も基本語はその連用形においては一・二音節であり、また、形容詞も語幹は一・二音節である。

動詞…す　来《く》　得《う》　経《ふ》　有《あ》り　死《し》ぬ　見《み》る　着《き》る　言《い》ふ　喰《く》う　立《た》つ　行《ゆ》く　上《あ》ぐ

形容詞…無《な》し　濃《こ》し　高《たか》し　広《ひろ》し　深《ふか》し　熱《あつ》し

(二)　形態素が連接した名詞

複数の名詞からなる語は「なべ」〈鍋　ナ-へ〉、「しまかげ」〈島陰〉のように二語からなるものが代表的で、三語もしくは四語からなる語は少数である。

◎三語からなる語　あさ-と-で〈朝戸出〉　ゆふ-かげ-ぐさ〈夕陰草〉　くさ-ひと-かた〈草人形〉

◎四語からなる語　ゆふ-なみ-ち-どり〈夕波千鳥〉

動詞連用形や形状言を含むと、その内部において連体関係だけでなく、主述関係や修飾関係などをなして、より複雑な概念が構成されることになる。

◎三語からなる語　こと-よせ-づま〈言寄妻〉　つま-むかへ-ふね〈妻迎舟〉

◎四語からなる語　も-ふし-つか-ぶな〈藻臥束鮒〉　みや-で-しり-ぶり〈宮出後振〉　ね-じろ-たか-がや〈根白高茅〉

さらに、連体助詞（「の・つ・が」など）、接頭語（「み・を」など）、接尾語（「べ」など）などを含む、多くの形態素からなる複合名詞では、形態素が多くなればなるほど特定性・固有性を増す。

◎三つの形態素からなる語　こ-の-み〈木の実〉　くし-み-たま〈奇御魂〉

◎四つの形態素からなる語　あし-わけ-を-ぶね〈葦分小舟〉　よ-も-つ-へ-ぐひ〈黄泉戸喫〉

◎五つの形態素からなる語　わさ-だ-かり-が-ね〈早田雁〉　やま-べ-ま-そ-ゆふ〈山辺真麻木綿〉

◎六つの形態素からなる語　や-さか-に-の-まが-たま〈八坂に勾玉〉　あま-の-むら-くも-の-つるぎ〈天叢雲剣〉

◎七つの形態素からなる語　い-つ-くさ-の-たな-つ-もの〈五穀〉（「いつ」は五《い》-ツ〈助数詞〉に分けられる）

◎八つの形態素からなる語　とき-じき（く）-の-かく-の-こ-の-み（「ときじき」は時《とき》-ジ〈形容詞性語尾〉に分けられる）

（三）　複合名詞の意味関係

意味関係を、ここでは大きく並列関係と修飾関係（連体修飾関係と連用修飾関係とがある）に分類する。

a.　並列関係

同じ語を重ねた語形を重畳形と呼ぶが、重ねることによって添えられる意味に次の二つがある。

・複数を表す　ひとびと〈人々〉　くさぐさ〈種々〉

・普遍性を表す　くまぐま〈隈々〉　さきざき〈崎々〉

後者は〈あらゆる……〉〈……すべて〉という意となる。

次に、別の二つの要素からなる複合名詞の意味関係を分析すると、対照関係と類義関係に分けられる。

・名詞＋名詞

［対照関係］あめつち〈天地〉　あさよひ〈朝夕〉　いはき〈石木〉

［類義関係］えやみ〈疫病〉　みのかさ〈蓑笠〉　ゆみや〈弓矢〉

・代名詞＋代名詞

［対照関係］かなたこなた〈彼方此方〉　をちこち〈彼方此方〉

［類義関係］こちごち〈彼方此方〉

・語基＋語基　［対照関係］おそはや〈遅速〉　［類義関係］かたくな〈頑〉

・動詞連用形＋動詞連用形　［対照関係］いきしに〈生死〉　たちゐ〈立居〉　みちかけ〈満欠〉

b. 修飾関係

前項と後項はさまざまな修飾関係を構成しており、その一端を示すとともに、なるべくわかりやすい語例を例示することにする。

連体修飾関係　後項に名詞を取る構造であるが、前項の意味のあり方によっていくつかに分類しておく。

・名詞＋名詞

○前項＝時　はるひ〈春日〉　なつくさ〈夏草〉　ゆふうら〈夕占〉　よどの〈夜殿〉

○前項＝所　さかもと〈坂本〉　みやばしら〈宮柱〉　みちしるべ〈道標〉

○前項＝属性　あわゆき〈泡雪〉　かむごと〈神言〉　わざうた〈童謡〉

○前項＝素材　あさぎぬ〈麻衣〉　かなへ〈鼎・金瓶〉　たかがき〈竹垣〉

○前項＝手段　あうら〈足占〉　さかほがひ〈酒楽〉　たごし〈手輿〉

○前項＝目的　さかな〈酒菜〉　さつや〈狩矢〉　もふね〈喪舟〉　みやき〈宮材〉

○前項＝経由地　あすかかぜ〈明日香風〉　はまかぜ〈浜風〉

○前項＝目標地　いへぢ〈家路〉　きぢ〈紀路〉　みやこぢ〈都路〉　みやぢ〈宮路〉

○前項＝比喩　こひごろも〈恋衣〉　はたくも〈旗雲〉　はなづま〈花妻〉

○後項＝部分　ころもで〈衣手〉　くさね〈草根〉　のづかさ〈野の高い部分〉

○後項＝形式的　くにはら〈国原〉　くさひら〈菜〉　くらゐ〈位〉

○後項＝比喩　むなさか〈胸坂〉　ひとがき〈人垣〉　わどり〈我　↔などり〉

・形状言＋名詞　さかき〈賢木〉　ますらを〈大丈夫〉　みづかき〈瑞垣〉

・形容詞語幹＋名詞　あさぢ〈浅茅〉　しろたへ〈白妙〉　くはしめ〈麗女〉

・動詞語幹＋名詞　ぬすびと〈盗人〉　さかえ〈盛枝〉　はさま〈挟間〉

・動詞連用形＋名詞

後項の名詞が前項の動詞との関係で主述関係・補充関係にある場合がある。

○相対的　ありさま〈有様〉　いはひこと〈呪言〉

やれま〈破間〉　ぬひめ〈縫目〉

○前項＝属性

［主述関係］おちば〈落葉〉　なきめ〈泣女〉　なりや〈鳴矢〉　もえくひ〈燃杙〉

［補充関係］かけはし〈架橋〉　たむけくさ〈手向草〉　ともしひ〈灯火〉

○前項＝目的　ねや〈寝屋〉　ひきつな〈引綱〉　をちみづ〈若返水〉

○前項＝内容　おひかぜ〈追風〉　しめころも〈染衣〉　のみと〈喉〉

○前項＝比喩　はしりゐ〈走井〉　ふせいほ〈伏庵〉

・動詞終止形＋名詞

○前項＝属性

［主述関係］いづみ〈泉〉　たるみ〈垂水〉

［補充関係］たつごも〈立薦〉

・動詞連体形＋名詞

○相対的関係　ゆくさき〈行先〉　ゆくへ〈行方〉　よすか〈因〉

［主述関係］なるかみ〈鳴神〉　［かぎろひ〈炎「かぎるひ」の転か〉］

［補充関係］つるへ〈吊へ〉

連用修飾関係　後項は主として動詞の名詞形（連用形）からなり、前項の名詞の意味のあり方によっていくつかに分けられる。

・名詞＋動詞連用形

○名詞＝ガ格　いはくへ〈岩崩〉　しほひ〈潮干〉　はがひ〈羽交〉　はなみ〈歯並〉

○名詞＝ニ格　ふなのり〈船乗〉　いひうゑ〈飢饉〉

［時］あさぐもり〈朝曇〉　なつやせ〈夏痩〉　たなれ〈手馴〉　ひざらし〈日晒〉　ゆふだち〈夕立〉　よなき〈夜鳴〉

［所］くにわかれ〈国別〉　なかだち〈媒〉　みこもり〈水隠〉　とこしき〈床敷〉

○名詞＝ヲ格　うたよみ〈歌〉　くにみ〈国見〉　のもり〈野守〉　ひじり〈日知〉

［経由］いへで〈家出〉　なみこし〈浪越〉　やまごし〈山越〉

○名詞＝デ格

［手段］あぶみ〈鐙〉　いたぶき〈板葺〉　てぞめ〈手染〉　むなわけ〈胸別〉

［原因］しもがれ〈霜枯〉

○名詞＝比喩　はなにほひ〈花のように美しい景色〉

・名詞＋動詞連用形　やそつつき〈八十続〉

・形状言＋動詞連用形　うすそめ〈薄染〉　うつはぎ〈全剝〉　ただこえ〈直越〉　くなたぶれ〈狂気〉

・動詞連用形＋動詞連用形　ありあけ〈有明〉　しひがたり〈強語〉　ゑひなき〈酔泣〉

・名詞＋形状言　あはや〈足速〉　かざはや〈風速〉　こころど〈心利〉　こしほそ〈腰細〉

・語基＋語基　いくひささ〈幾久〉　とこなめ〈常滑〉　ひはほそ

・動詞連用形＋語基　あけぼの〈曙〉

なお、「すだれ」と「たれす」〈垂簾〉、「ははこと」と「ことはは」〈母異〉、「しきゐ」と「ゐしき」〈座席〉のように、前後が入れ替わった異形態も見える。

五．動詞の語彙

（一）合成語の動詞

「す」「来《く》」「行《ゆ》く」「思《おも》ふ」のように、それ以上の要素に分解できないものがある一方、「おとる」〈劣〉は「おつ」〈落〉の、「まじふ」〈交〉は「まず」〈交〉の再活用というように分析できる。前者のようにル語尾をとるものに「うかる←うく〈浮〉」「つがる〈繋〉←つぐ〈継〉」、後者のようにフ語尾をとるものに「あたふ〈能〉←あつ〈充〉」「ならふ〈習〉←なる〈馴〉」などがある。また、動詞語尾を付加することで別の意味を派生させた語にはム語尾やク語尾がある。

あぐ〈上〉→あがむ〈崇〉　なぶ〈並〉→なびく〈靡〉

「のがる」は「にぐ」の再活用と考えられ、イ→ノ乙という母音交代も伴っている。

このほか尊敬のス（四段活用）を付けることで敬語動詞を派生させることもあった。

ぬ→なす〈寝〉　なづ→なだす〈撫〉

（「見《み》る」のミにスが付いて「めす」に転じるという音変化した場合もある）

また、「なぶ」〈靡〉と「なむ」〈並〉は〈同じ方向を向く〉という意で、元々同源であったと見られるが、子音の交代［b↔m］によって意味が分化していった。「はぐ」〈剝〉を基とする「はがつ」も子音の交替［ŋ↔n］によって「はなつ」〈放〉という語形を生み出したと見られる。

（二）動詞語尾による分類

再活用における動詞語尾の付加という事象を見ると、改めて動詞語尾に注目しておくべきである。動詞の語構成については、語幹の独立性の高さによって動詞語尾との関係は異なる（阪倉篤義（一九六六））。たとえば、「さやさや」という形状言につくグ（さやぐ）と、名詞「綱《つな》」につくグ（つなぐ）では、語幹の本来の性質が異なる。動詞語尾が動詞の形成と深く関わっていることが窺われるが、その経緯は複雑であって個々に検討する必要もある。また、ここでは紙面の制約もあるので、形状言、形容詞（形容動詞）語幹、体言につく語をそれぞれ例示するにとどめる（適当な語がない場合は「×」を付し、ウ語尾は下二段活用しかないため省略した）。

ク語尾　さわく〈騒〉　わななく〈戦〉／しらく〈白〉
　とどろく〈響〉／まくらく〈枕〉
グ語尾　さやぐ〈乱〉　しのぐ〈凌〉／ひろぐ〈広〉
　たひらぐ〈平〉／ふたぐ〈蓋〉
ス語尾　やはす〈和〉　なごす〈和〉／なほす〈直〉
　もだす〈黙〉／やどす〈宿〉
ツ語尾　こほつ〈壊〉　あわつ〈慌〉／×／たぎつ
　〈激〉　もみつ〈黄葉〉
ヌ語尾　×／×／つらぬ〈連〉　たばぬ〈束〉
フ語尾　しなふ〈靡〉／ゆるふ〈緩〉　あまふ〈甘受〉
　／さかふ〈境〉　したふ〈慕〉
ブ語尾　むつぶ〈睦〉　なよぶ〈弱〉／あらぶ〈荒〉
　あはれぶ〈哀〉／みやぶ〈雅〉
ム語尾　ひそむ〈密〉　なごむ〈和〉／めぐむ〈愛〉
　ねたむ〈嫉〉／しわむ〈皺〉
ユ語尾　しなゆ〈萎〉　そびゆ〈聳〉／わかゆ〈若〉
　あつゆ〈篤〉／×
ル語尾　しをる〈萎〉　すべる〈滑〉／くさる〈臭〉
　ほる〈欲〉／くもる〈曇〉

なお、吉田金彦（一九七六）には、語尾分類による異なり語数（複合語を含む）を次のように記している。

ル五四五　ク（グ）三五五　フ三四二　ス（ズ）二五二　ム二〇六　ツ（ヅ）一〇二　ブ八〇　ユ四一

ヌ二二　ウ（ワ行）一二　リ七　（計一九六四）

二音節以上の動詞語尾

次に、二音節以上の動詞語尾についても分析してみよう。

ツク語尾　うぐつく〈疾走〉

ヅク語尾　いたづく〈労〉　ちかづく〈近〉　おいづく〈老〉

メク語尾　むくめく〈蠢〉　つつめく〈囁〉　さばめく〈騒〉

ヤク語尾　かかやく〈輝〉

ラク語尾　ひひらく〈疼〉　つららく〈連〉

ラグ語尾　やはらぐ〈和〉　うすらぐ〈薄〉

カス語尾　まろかす〈転〉　はららかす〈散〉　おびやかす〈脅〉

カフ語尾　うかかふ〈窺〉

ガフ語尾　うたがふ〈疑〉　あらがふ〈争〉　したがふ〈従〉

タフ語尾　よこたふ〈横〉

ナフ語尾　いざなふ〈誘〉　になふ〈荷〉　うらなふ〈占〉

ノフ語尾　つくのふ〈償〉

ハフ語尾　にぎはふ〈賑〉　いはふ〈祝〉　あぢはふ〈味〉

ホフ語尾　よろほふ〈寄〉

マフ語尾　ゆまふ〈斎〉　ゐやまふ〈礼〉　おくまふ〈期待〉　わきまふ　ふるまふ〈振舞〉

ヨフ語尾　かがよふ〈光〉　いさよふ〈漂〉　ただよふ〈漂〉　もごよふ〈展転〉

ラフ語尾　さすらふ〈流〉　やすらふ〈休〉　あとらふ〈誂〉　ねぎらふ〈労〉

サブ語尾　しみさぶ〈繁〉　かみさぶ〈神〉　をとめさぶ〈女〉

シム語尾　かむしむ〈神〉

ガム語尾　をろがむ〈拝〉

ズム語尾　たたずむ〈佇〉

タム語尾　わきたむ〈弁〉

カル語尾　まろかる〈混成〉

ガル語尾　むらがる〈群〉

ツル語尾　わかつる・をこつる〈誘〉

ヅル語尾　さひづる〈囀〉　ひこづる〈引〉　なめづる〈嘗〉

ハル語尾　いつはる〈偽〉　きよまはる〈清〉　あまねはる〈遍〉
ブル語尾　たはぶる〈戯〉　おそぶる〈押揺〉

このうちでは、ヅク・カス・ガフ・ナフ・マフ・ヨフ・ラフなどの接尾語が比較的、生産力が高い。ちなみに、ヤグ・メカス・ダツ・ガルなどの語尾は平安時代以降に現れる。

動詞語尾の対応　動詞語尾が意味の上で対応関係にあることを指摘したのは安藤正次（一九二四）であるが、このような語尾の対応は動詞の自他のほか、意味の分化、語の新旧など動詞の形成と深くかかわっている。その一端を次に示しておく（動詞の活用型は異なることもある）。

ヌ語尾－ス語尾［自他］　しぬ－しす〈死〉
ユ語尾－ス語尾［自他］　こゆ－こす〈越〉
ル語尾－ス語尾［自他］　なる－なす〈鳴〉　よる－よす〈寄〉　のる－のす〈乗〉
ク語尾－ツ語尾［自他］　あらく〈散〉－あらつ〈離〉
ユ語尾－ツ語尾［自他］　たゆ－たつ〈絶〉［きゆ－けつ〈消〉］
ル語尾－ツ語尾［自他］　あかる－あかつ〈散〉　わかる－わかつ〈分〉
ル語尾－フ語尾［自他］　まじる－まじふ〈交〉［まず〈交〉］
ル語尾－ム語尾［自他］　ひろる－ひろむ〈広〉
ス語尾－フ語尾　はらす〈晴〉－はらふ〈払〉
ク語尾－ム語尾　ほく〈祝〉－ほむ〈誉〉　しづく－しづむ〈沈〉
ヌ語尾－ム語尾　つかぬ〈束〉－つかむ〈握〉
ク語尾－ル語尾　さく〈避〉－さる〈去〉　なく－なる〈鳴〉　ふく－ふる〈振〉
ユ語尾－ル語尾　かゆ－かる〈離〉

これらを見ると、ツ語尾は古くは他動詞形に用いられる傾向が窺われ、やがてス語尾が生産性を持つようになったこと（たとえば、上代語「けつ」が平安時代に「けす」となる）、ユ語尾は自動詞性を有しており、助動詞「ゆ」との関係が深いが、やがてル語尾が優勢になったことなどが推測される。

ちなみに、自他の対応は「あく〈開〉」「きる〈切〉」「たつ〈立〉」など、動詞活用型の相違（四段と下二段）

によって自他の対応をなす場合もあるが、やはりル語尾（自動詞）・ス語尾（他動詞）が圧倒的に多く、中には語幹に拡張が見られることも少なくない。

○自動詞がア段・オ段などに転じてル語尾をとる

うまる⇕うむ〈生〉　あがる⇕あぐ〈上〉　つもる⇕つむ〈積〉　こもる⇕こむ〈籠〉［ほかに、自動詞ハル語尾　きよまはる⇕きよむ〈清〉］

○他動詞がア段・ウ段・オ段などに続いてス語尾をとる

とぶ⇕とばす〈飛〉　あふ⇕あはす〈合〉　つく⇕つくす〈尽〉　おつ⇕おとす〈落〉［ほかに、他動詞カス語尾　おびゆ⇕おびやかす〈脅〉］

このような事象を踏まえると、たとえば動詞「はゆ」の派生は次のように考えられる。

はゆ〈栄〉→映《は》ゆ（再活用）→はやる〈逸・流行〉［自］・はやす〈囃〉［他］
→生《は》ゆ［自］（再活用）→はやす〈生〉［他］

また、例外的なものに「うす⇕うしなふ〈失〉」「やる⇕やぶる〈破〉」がある。

逆義関係にある語では、ル語尾とス語尾の対応で「か-る〈借〉」「か-す〈貸〉」がある一方、「いら-ふ」〈借〉「いら-す」〈貸〉も見える。

(三)　複合動詞

前述したように、複合語の前項と後項の結びつきは後代より緩やかであったため、特に動詞の連続は連濁などによる音転が認められる場合を除き、複合動詞と扱えるかどうかは慎重さを要する。

・動詞連用形＋動詞

［対照関係］いで-いる〈出入〉　さき-ちる〈咲散〉　ゆき-く〈往来〉

［類義関係］あき-だる〈飽足〉　いで-たつ〈出立〉

［従属関係］いけ-どる〈生捕〉　かへり-みる〈顧〉　かり-そく〈刈除〉　こぎ-づ〈漕出〉

・名詞＋動詞

○前項＝ガ格　あか-つく〈垢付〉　あめ-ふる〈雨降〉　うら-がる〈末枯〉

○前項＝ヲ格　あみさす〈網設〉　いろ-どる〈彩〉　と-つぐ〈嫁〉　な-のる〈名告〉
［経由］あま-かける〈天翔〉
○前項＝ニ格　あき-づく〈秋就〉　うら-ごふ〈裏恋〉
［時］よ-だつ〈夜立〉
［所］あま-そそる〈天聳〉　いへ-をり〈家居〉
○前項＝カラ格　あま-くだる〈天降〉　よみ-がへる〈蘇〉
○前項＝デ格
［手段］あ-がく〈足掻〉　うら-とふ〈占問〉
［理由］あま-ごもる〈雨隠〉
・語基（形状言）＋動詞　あざ-わらふ〈嘲笑〉　うか-ねらふ〈狙〉　さか-のぼる〈遡〉
・動詞連用形＋サ変動詞　たえ-す〈絶〉　しに-す〈死〉　わすれす〈忘〉

複合に伴って後項の動詞がア行音で始まる場合、「あまおる〈天降〉→あもる」「おしあふ〈押〉→おさふ」のように音転する例も見られる。

六．形容詞・副詞の語彙

（一）形容詞の語構成

形容詞は上代にあっては、語幹と活用語尾の連接の度合いが緩く、そのため語幹だけの独立用法もあった。そこで、形容詞語幹について分類しておくことにする（ここではシク活用には＊を付す）。

・形状言　よし　あまし　おほし　しろし　なまし＊　まさし＊　ひさし＊
・名詞　あたし＊・いさをし＊・おやじ＊・にたし＊・ひとし＊・ほかし＊・まづし＊（シク活用となる）
・副詞　あやし＊・おだひし＊・けし＊・こきだし＊・まだし＊（シク活用となる）
・動詞語幹と共通　にくし　かしこし　しげし　たけし　ほし＊　すずし＊　いぶかし＊
・動詞形　やさし＊　なやまし＊　いとほし＊　さぶし＊　こほし＊・こひし＊（シク活用となる）
・形容動詞語幹末尾「か」（→けし）　さやけし　ゆ

たけし　はるけし　あきらけし（ク活用となる）

活用語尾はシのほか、右の「おやじ＊」のほか「ときじ＊・われじ＊〈我〉」のようにジ（シク活用）もある。

合成語の形容詞　派生形容詞には、「さ-どほし」〈遠〉、「た-やすし」〈易〉、「ま-ぐはし」〈麗〉などの接頭語が付いた語のほかに、次のような語構成によるものがある。

○重畳形（すべてシク活用。ここでは形容詞語尾が分かりやすいように「・」を付した）

・ＡＢＡＢ型

ＡＢ＝名詞　うや-うや・し＊　くま-くま・し＊　ひね-ひね・し＊　をさ-をさ・し＊　を-を・し＊

ＡＢ＝形状言（形容詞語幹）　きら-きら・し＊　くだ-くだ・し＊　すが-すが・し＊　たぎ-たぎ・し＊　たづ-たづ・し＊　とほ-とほ・し＊　なが-なが・し＊　ゆ-ゆ・し＊

ＡＢ＝動詞　わき-わき・し＊（連用形）　おどろ-おどろ・し＊（動詞語幹）

・ＡＢＢ型　いつ-つ・し＊　おこ-こ・し＊　おほ-ほ・し＊

○重畳形以外

・名詞＋形容詞　おと-だかし〈音高〉　かほ-よし〈端正〉　すべ-なし〈術無〉　な-ぐはし＊〈名細〉

・語基（形状言）＋形容詞　いち-しろし〈著〉　とほ-しろし＊〈大〉　うた-だのし＊〈楽〉

・形状言＋ナシ（甚だしいの意）　いとけ-なし・いら-なし・うつ-なし・おぎろ-なし・かた-なし・きた-なし・すく-なし・つた-なし・をぢ-なし

ちなみに、形容詞語尾ナシには〈無しの意〉もあり、名詞につく「すべなし」などのほか、形状言を語基とする語に「あづきなし・すかなし・たしなし・たづがなし・つつがなし・みつなし・ゆくりなし」などがある。

後項の語頭音節がア行音である場合、「うら＋いたし」が「うれたし」〈慨〉というように音変化した。

以上のことを踏まえると、形状言「あか」による形容詞は次のようにとらえられる。

あか〈赤〉　→あかし

↓あから　　↓あからぶ
↓あからし　　↓あからしぶ
↓あからか　↓あからけし

(二)　副詞の語構成

副詞には語尾に「に」（よに・すでに・みだりに）をとるものが多く見え、「まさしに」〈正〉のように形容詞シク活用の語幹に「に」が付いた例もある。このほか、「と」（くれくれと・つはと）、「も」（あたかも・うたがたも・もとも）や、以下の「て」が代表的である。

・動詞連用形に付く　あへて　かねて　かへりて　きはめて　しひて　すべて　まして
・副詞に付く　かくて　さて
・形状言に付く　うたて

これら以外にも、語幹に特定の接尾語を有するものがある。後に形容動詞の語幹を構成するようになる「か（ゆたか）・や（なごや）・ら（うまら・しみら）」は、それらが複合して「やか（すみやか）・らか（つばらか）」という（交代形に「にこよか・おほろか」などがある）語尾をも構成した。「ら」は「そこら〈幾許〉・もはら〈専〉」のように程度副詞にも用いられるが、「だ（いくだ・ここだ・さはだ）・ば（ここば・そこば）」も同じような性質を有している（「そこらくに」の「ら」も同じ）。副詞を広く構成するものに「く（ふつく〈悉〉）」があり、形容詞連用形語尾と同源である。

このほかに「さ（つぶさ）・し（しまし）」があり、「し」には「いまし・けだし・こきし・もし」なども見える。この「さ・し」に「ま（ふつま〈悉〉）」が付いて、「さま（さかさま・いかさま）」「しま（よこしま・かくしま）」ともなった。「ま」の異形態に「ば（わくらば）」があり、「ここば・こきばく」などの程度副詞をも構成した。

合成語の副詞　同じ形態素の繰り返しとそれ以外のパターンがある。

○重畳形
・副詞＋副詞　や-や〈差〉　さら-さら（に）〈更々〉
・名詞＋名詞　こと-ごと〈悉〉　なか-なか（に）〈中々〉　はつ-はつ〈端端〉　つら-つら（に）
・動詞連用形＋動詞連用形　くれ-くれ（と）〈暗〉

つぎ-つぎ（に）〈次々〉

・動詞終止形＋動詞終止形　かつ-がつ〈且〉　かへす-かへす〈返〉　ます-ます〈益々〉

・語基＋語基　しば-しば〈数〉　なほ-なほ（に）〈直〉　ほと-ほと（に）〈殆〉　をさ-をさ　うつら-うつら

「に・も」や「な」が付いた要素、およびその拡張形などの繰り返しによるものもある。

いつも-いつも〈何時〉　おのも-おのも〈各〉　かも-かも　かに-かくに　かも-かくも　よな-よな〈毎夜〉　うべな-うべな〈諾々〉　（「あさな-ゆふな〈朝夕〉」も）

繰り返されることになる後項の先行音節が脱落する現象も広く見える。

いよ→いよよ〈弥〉　うた→うたた〈転〉　しの（に）→しのの（に）〈萎〉　しみ（に）→しみみ（に）〈繁〉

「いささか・いささめ（に）」も「いさ」の繰り返しを含む語である。

〇重畳形以外

・名詞＋形容詞語幹　もと-な〈元無〉

・名詞＋副詞　いま-さら（に）〈今更〉

・動詞連用形＋動詞連用形　たちまち（に）〈忽〉

・語基＋語基　あな-がち（に）〈強〉　いく-ひさ（に）〈幾久〉　いや-たか（に）〈弥高〉　とこ-とば（に）〈永久〉

・語基＋動詞連用形　いや-まし（に）　なま-じひ（に）〈強引〉　ひた-てり（に）〈直照〉

・名詞＋動詞連用形　やそ-つぎ（に）〈八十継〉

七．語形と意味

語は語形の面でも語義の面でも、時を経て変化することが少なくない。たとえば、「えみし〈蝦夷〉」は上代に用いられた語形で、平安時代以降は「えびす」が一般に使われる。「あづきなし」も『万葉集』に見えるが、平安時代以降の訓読語には「あぢきなし」が用いられる。また、「おとなふ」は上代では「音《おと》-なふ」という原義による、音を立てる意であったが、平安時代以降、声をあげて案内を請う意から、おとずれる、訪問する意となる。

もちろん、上代においても意味用法の変化はあった。たとえば、「おほかみ」は「大神」で、神を敬う言い方が原義であったが、やがて畏敬の対象、恐ろしいもの全般を指すようになり、「大蛇《おほきへみ》」（常陸国風土記逸文・新治郡）などに対しても用いられたが、次第に狼を専ら指すようになる（『新訳華厳経音義私記』）。

主として語形の面から　正倉院文書には「ほぐがみ」（「本古紙」天平宝字四年（七六〇））〈反故紙〉のように、同じ時期に併用される例も見える。同趣の記紀歌謡に「たこ甲むら」（「多古牟良」『古事記』下）、「たくぶら」（「陁俱符羅」『日本書紀』巻一四）〈手腓〉という語形の異なる語が用いられてもいる。このような異形態が生じた例は「さなかづら・さねかづら〈木防已〉」、「たづき・たどき〈跡状〉」、「はたすすき・はだすすき〈旗芒〉」、「おくまけて・おくまへて〈奥儲〉」など少なくない。「たくぶら」は「たこむら」（「腓《こむら》」）、「たどき」は「手《た》付《づ》き」から転じたものと見られ、一方が古形であることが推定できることもある。

このような音転には母音・子音のレベルだけでなく、音節の脱落や添加などによるものもある。

くひひす→くびす〈踵〉　かりて→かて〈糧〉　たびひと→たびと〈旅人〉

え→えだ〈枝〉　き→きね〈杵〉　は→はね〈羽〉　かた→かたち〈形〉

「えだ・きね・はね」の類は、一音節語に接尾語を付して二音節にすることで語的安定を求めたものであり、また、「かた」が単に外形を表すのに対して、「かたち」は主として人の容姿に用いられるというように意味の分化を伴う場合もある。「はるさめ〈春雨〉」、「むらさめ〈村雨〉」の「さめ」は後項の「あめ」が複合する際、母音連続を避けてsを挿入させたという考えもある（「かたしは」も「かた＋いは」の複合にsを挿入させたと見る立場もあるが、その一方で「あめ」の原形を「さめ」とする説もある）。

母音の交代には、文法的な側面を伴う場合もある。天皇が治められる意の動詞に「しらしめす」「しろしめす」（「めす」も尊敬語）があるが、「しろす」は、四段動詞「しる」に尊敬の助動詞「す」が付いた「しらす」のラがロ乙類音に転じたものである。この事象は「おもほす・きこす」にも見え、敬語動詞として一語化させる機能をもつ。また、「はなりそ・はなれそ」〈離岩〉は、「はなる」に四段活用と下二段活用があるため、その連用形によって異形態が生じた例である。

連濁については前述したが、複合語の場合、連濁するかしないかによって意味の違いもあった。「やまーかは」は〈山と川〉の意であるが、「やまーがは」（「耶麻鵝播」『日本書紀』巻二五）となると、〈山合いの川〉の意となる。また、「ゆきーかへる」は〈行ったり来たりする〉の意であるが、「ゆきーがへる」（「由伎我弊利」『万葉集』⑰三九七八）は、〈年月が改まる、行った先から帰ってくる〉の意となる。連濁は前項と後項の関係が対等関係ではなく、従属関係にあることの標識となっている。

主として意味の面から　同源である語に「こと〈事〉」「こと〈言〉」があることは広く知られているが、時を経て意味が分化して次第に別の語と意識されるようになることも少なくない。

むね〈主要部〉　胸〈人体の主要部〉　旨〈事柄の主要部〉　棟〈家屋の主要部〉

うら〈隠れた所〉　裏〈内側〉　浦〈海に対して内側〉　占〈見えない神意〉　末〈末端〉

「いとのきて」という連語は「いと（副詞）のき（動詞）て（接続助詞）」からなり、〈とりわけ、特別に〉の意を表すと解されている（以下、原文を省き、読み下し文を示す）。

いとのきて短き物を端切ると言へるがごとく（『万葉集』⑤八九二　長歌の一部）

〈とりわけて短い物をさらにその端を切って縮めるという諺のように〉（「泣き面に蜂」と同義）

「の乙く」（四段活用）は区別する、除く意かと考えられる一方、残す意でも用いられた。

いかなるや人《ひと》に坐《いま》せか石《いは》の上《うへ》を土《つち》と踏《ふ》みなし足跡《あと》のけるらむ貴《たふと》くもあるか（『仏足石歌』）

〈どのような人でいらっしゃるから、石の上を土のように踏みつけて足跡を残されたのだろうか。貴いことであることよ。〉

後者の意味では「の乙く」を再活用させて「の乙こ乙る・の乙こ乙す」が多く用いられるようになるが、これは意味分化によって語形の異化がもたらされた例と見ることができる。

『古事記』允恭記に、木の名である「やまたづ」を今は「みやつこぎ」という注記が施されている。このような語の新旧は事物の発達と関係して、それまで「ゆき」〈靫〉と呼ばれていたものが奈良時代になると「やなぐひ」〈胡籙〉に取って代わられたということもある。また、〈美しく染める〉意の動詞「にほゆ」は新たに「にほふ」という形で用いられるようになる。

類義関係にある語は、動詞では「いはふ・いつく」「いのる・のむ」「わらふ・ゑむ」、名詞では「こめ・よね」「ほのほ・ほむら」「あさぎぬ・あさごろも」〈麻衣〉のようにすでに上代に数多く見られるが、たとえば「めぐる」は〈一周する〉、「みる〈廻〉」は〈縁に沿って行く〉、「もとほる」は〈曲線を描くように行く〉の意のように、それらはすでに使い分けられていたと考えられる。ただ、「あさぎぬ・あさごろも」や「しらか・しろかみ」〈白髪〉のように厳密な使い分けが不明な場合もある。

同義関係にある合成語には、連体助詞をとる形と取らない形を有する場合がある。「いわがね・いはね〈石根〉」、「このま・こま〈木間〉」、「やなぎ・やぎ〈柳〉」、「うみつぢ・うみぢ〈海道〉」、「けだもの・けもの〈獣〉」や、固有名詞にも「みわのやま・みわやま〈三輪山〉」、「ならのやま・ならやま〈奈良山〉」のように見える。ただ、これらは和歌・歌謡における音数律の影響を受けている可能性もある。他方、「の」の有無で意味が異なる場合もある。「みちなか」は途中の意であるが、「みちのなか」は、国を三分割した場合の、口《くち》・後《しり》に対する中《なか》の意である（越中を「こしのみちのなか」という類）。

対照関係を構成する場合、男女の対をそれぞれ形態素「き」「み」によって示し、「いざなき・いざなみ」「かみるき・かみるみ」「おきな〈老父〉・おみな〈老女〉」などとなるケースもある。

上代特殊仮名遣いが異なれば別語となる。「みなぎ甲らふ〈漲〉」は水が満ち溢れている意、「みなぎ乙らふ〈水霧〉」は霧がかかったように水しぶきがたち続ける意である。ただ、「添《そ》ふ・解《と》く・問《と》ふ・取《と》る」のソ・トのように、同義で用いられているが、甲類と乙類が両用されている語もある。もとは「添ふ」のソは乙類、「解く」「取る」のトは乙類、「問ふ」のトは甲類であったものが、奈良時代には甲類・乙類の混乱を生じていたと考えられる。

意味用法の派生は当然、品詞の変化にかかわることもある。

みさご居《ゐ》る荒磯《ありそ》に生《お》ふるなのりそのよし名《な》は告《の》らじ親《おや》は知《し》るとも（『万葉集』⑫三〇七七）

〈みさごの住む荒磯に生えるなのりその、ええままよ、名は第三者には漏らしません、親は二人の関係を知ったとしても〉（「なのりそ」は海藻の名で、ここでは〈告げるな〉の意で、三句までは序詞になっている）

「よし」は本来形容詞の「よし」〈良〉の意で、この歌でも「親は知るともよし」というように倒置用法としても理解できるが、ここではすでに副詞として「告らじ」という意志の表現と呼応して、意味も〈どうあろうとも〉に変化している。

複合語の場合、次の「みづかげ」のように前項と後項の意味関係から同形であっても意味が異なることがある

山川《やまがは》の水陰《みづかげ》に生《お》ふる山菅《やますげ》の止《や》まずも妹《いも》は思《おも》ほゆるかも（『万葉集』⑫二八六二）

〈山合の川の水陰に生える山菅の、止まずにあの娘《こ》のことが思われることよ〉

（三句までは、ヤマス（やますげ）の類音によって第四句ヤマズ（止まず）を起こす序詞）

この歌の「みづかげ」は〈水辺の物陰〉の意であるのに対して、次の例では、〈水に映った物の影〉の意で用いられている。

天津水影《あまつみづかげ》の如《ごと》く押《お》し伏《ふ》せて我《わ》が見《み》る国《くに》を何《なに》ぞ国無《くにな》しと謂《のたま》ひて我《わ》が言《こと》を誹謗《そし》りたまふ。（『日本書紀』巻八）

八．さまざまな語彙

（一）親族語彙

他の語と一定の関係を有し、内容的にまとまりをもつ語の集合を語彙体系という。親族名称や身体名称などは、古代の人々も日常的に用いていたことであろう。そこで、奈良時代における親族語彙を例示することにするが、上代語の文献は限られていて、それに散見される語だけでは逆に体系性を失いかねない。そこで、筆者の判断によって、平安時代初期の文献ならびに『和名類聚抄』から上代語として推定できる語を補うこととした。以下、用例の典拠は下記のように略記する（右肩に＊を付した語は『和名類聚抄』に見えるもの）。

「記」古事記　「紀」日本書紀　「万」万葉集　「播」

播磨国風土記　「正」正倉院文書　「華」新訳華厳経音義私記　「般」石山寺本大般若経音義　「宣」続日本紀宣命　「琴」琴歌譜　「霊」日本霊異記　「祝」延喜式祝詞

父母は、ふつうには「ちち」「はは」であるが、親しみを込めていう場合それぞれ「かそ」（父「柯曽」紀）、「*いろは」（母）を愛称のように使った（「いろ」は同母である血縁関係にあることを表す）。東国方言では「ちち」「おも」という語が見え、並列させていう場合、中央語「ちちはは」（「知々波々」万）に対して「おもちち」（母父「意毛知々」万）となる。この語順から見て、母系社会であった可能性を指摘する説もある（「ちちはは」となるのは中国文化の影響かもしれない）。祖父・祖母は「おほぢ」（「於保知」霊）、「*おほば」（「於保波」霊）、曾祖父・曾祖母は「*おほおほぢ」「*おほおば」という。

親の兄弟姉妹に対しては、男性を「*をぢ」、女性を「*をば」といい、「をぢ」については親より年上には「*えをぢ」、親より年下の弟を「*なかつをぢ」、さらにその年下を「*おとをぢ」ともいう。（母の兄弟姉妹を「*ははかたのおほぢをぢ」（従舅）、「*ははかたのをば」（従母）というが、これは漢語の翻訳語であろう）。基本的に、男性の系列をヂ、女性の系列をバというが、これは「ちち」「はは」のチ・ハと同源である。

「おや」（親「意夜」万）に対して「こ」（子「古」万）といい、孫は「うまご」（「于万古」霊、「*むまご」とも）、または「*ひこ」（万に「孫枝《ひこえ》・孫星《ひこほし》」の訓が見える）、曾孫は「*ひひこ」、孫の孫は「*やしはご」という。

兄弟姉妹は男女に関係なく年上を「え」（「延」記）、年下を「おと」（「弟」万）という。複合して「えひめ」（「兄比売」記）は姉、「おとひめ」（「弟比売」記）は妹に相当する。また、長兄は「おほえ」（「大江」記）、その次の兄、もしくは長兄・末弟以外は「なかち」（「名可知」万）といい、年上の男性は「あに」、年上の女性は「*あね」ともいう（長男または兄を「*このかみ」、末子を「おとこ」（「弟子」祝）ともいう）。親しみを込めて呼ぶ場合には、女性が男性に対してはセ、男性が女性に対してはイモを用いることから、兄弟においては、特に同母の関係にある場合はイロを冠して「いろせ」（同母兄姉「伊呂勢」記）、「いろど」（同母弟妹「伊呂杼」記）といい、年上を「いろえ」（同母兄）、「いろね」（同母姉「伊呂泥」記」)、年下を「いろも」(同母妹「伊呂妹」記)という。

　兄弟姉妹の子の男性を「*をひ」、女性を「*めひ」という。「いとこ」は上代では愛しい人の意でも用いられたが、平安時代に従兄弟・従姉妹の意でも用いられた(従姉妹には「いとぎも」(令集解による。イトコイモの転)が用いられることもあり、再従兄弟は「*いやいとこ」、三従兄弟は「*またいとこ」といった)。

(二) 地形語彙

　地形を表す語は地名や名字にも用いられることが多く、上代にも多くの語彙が見える。ただ、厳密に地形といえば地表の有様をさすが、ここでは海や川、道路、および、その状況・用途なども含め、上代の文献に限定して挙げることにする(訓読みの語も上代文献の表記を示し、平安時代以降の仮名書き例は省略した)。

○うみ(海「宇美」記) わた(海「和多」万)・わたつみ(「和多都美」万) なだ(灘「奈太」万) え(江「延」記) ほそえ(「細江」万) いりえ(入江「伊理延」記) わだ(曲「和太」万) おほわだ(曲江「大和太」万) わたり(海峡「和駄唎」紀) せと(「迫門」万) と(門) みと(水門「水戸」記)・みなと(「瀰儺度」紀) しまと(「島門」万) うら(浦「宇良」万) うらふち(浦淵「汭淵」万) うらみ(浦廻「宇良未」万) かた(潟) す(州) うらす(浦州「宇良須」記) おきつす(奥州「於伎都渚」万) すさきみ(州崎廻「渚埼未」万) いそ(磯「伊蘇」記) いそさき(「磯埼」万) いくり(海中の岩礁「伊久里」万) はま(浜「波麻」記) なぎさ(汀「奈芸佐」万) さき(崎「佐岐」記) みさき(岬「美佐祁」紀) しま(島「之麻」万)・しまね(「之麻祢」万)

○いけ(池「伊開」紀) ぬ(「沼」万)・ぬま(「奴麻」万) をぬ(「小沼」万) うきぬ(「浮沼」万) みぬま(水沼「水奴麻」万) いはかきぬま(「石垣沼間」万) みづうみ(湖「美豆宇弥」万)

○かは(川「迦波」記) おほかは(「大川」万) をがは(「小川」万) かふち(河内「可布知」万) かはす(「川渚」万) かはら(河原「可波良」万) たにがは(「谷川」万) みなしかは(「水無川」万 みなせかは「水無瀬川」万) かはかみ(川上「可波加美」万) かはじり(「河尻」記) かはへ(河辺「舸播杯」紀) か

はなか（「河中」記） かはくま（川隈「箇波久莽」紀） みぐま（水隈「水具麻」万） さは（沢「左波」華） やまさは（山沢「夜末佐波」万） たき（滝「多吉」万） たるみ（「垂水」万） みまた（水派「美麻多」紀） みくまり（「水分」万） かはまた（川股「伽破摩多」紀） かはひ（「川合」播） かはそひ（「哿籖泝比」紀） かはぎし（「河岸」万） かはづ（河津「河泊豆」万」） かはと（河門「加波度」万） かはまたえ（川股江「伽破摩多曳」紀） ほりえ（堀江「保里延」万）

○ふち（淵「輔智」紀） いはふち（「石淵」万） いはかきふち（「石垣淵」万） かたふち（片淵「箇椸輔智」紀） ふちせ（「淵瀬」万） せ（瀬「勢」記） かはせ（川瀬「可波世」万） いはせ（「石瀬」万） はやせ（早瀬「早湍」万） しほせ（潮瀬「斯本勢」記） ひらせ（平瀬「比良湍」万） ひろせ（広瀬「毘稜栖」紀） よどせ（淀瀬「余登瀬」万） わたりぜ・わたりで（渡瀬） くせ（石の浅瀬「久世」万） よど（「与杼」万） なかよど（中淀「中与杼」万） かはよど（川淀「川余杼」万） おほかはよど（大川淀「大川余杼」万）

○いづみ（泉「出水」播） ゆ（温泉「湯」万）

○ゐ（「井」万） ゐで（井代「為提」万） いしゐ（石井「伊思井」万） いはゐ（「石井」万） つつみゐ（溜井「都追美井」万） てらゐ（「寺井」万） はしりゐ（走井「八信井」万）

○やま（山「夜麻」万）・やまと（「夜麻登」記） かたやま（片山「可多夜麻」万） よこやま（横山「与許夜麻」万） たかやま（「高山」万） しまやま（「島山」万） しばやま（柴山「之婆夜麻」万） ひやま（「檜山」万） そま（杣「追馬喚犬」万） しげやま（「繁山」万） せきやま（関山「世伎夜麻」万） たけ（嶺「多気」万） ね（嶺「袮」万）・みね（「弥年」万） ありね（現嶺「在根」万） あをねろ（青嶺「安平袮呂」万） を（峰「袁」記） さをを（嶺「佐袁々」記） おほを（大峰「意富袁」記） ありを（現峰「阿理袁」記） いなだき（「伊奈太吉」万） をのへ（嶺上「乎乃倍」万） たわ（峠「多和」記）・たをり（「多乎理」万） をり（「乎利」正） をむかひ（「峰向」万） ふもと（麓「布本」万） やました（「山下」万） やまもと（「山本」記） はやま（麓山「簸耶磨」神代紀上） やまかげ（「山影」万） とかげ（常影「跡陰」万） かげとも（山の南「影友」万） そとも（山の北「背友」万） たに（谷「多尓」万） はさま（谷「婆娑摩」紀） かひ（峡「可比」万」） やま

がひ（山峡「夜麻我比」万） くき（岫・洞「久岐」紀） をか（丘「袁加」記） かむをか（「神岳」万） かたをか（片岡「箇多烏箇」紀） ひたを（頓丘「毘陀烏」紀） をかさき（丘岬「塢介佐棄」紀） つかさ（小高い所「都加佐」記） のづかさ（「野豆可佐」万） のやまづかさ（「野山司」万）

○の（野「努」万） をの（小野「乎努」万） おほの（大野「於抱野」万） さの（「狭野」播） ひらの（「枚野」播） きしの（「岸野」万） いりの（入野「伊利野」万） あさの（浅野「阿娑努」紀） かやの（「草野」万） はなの（「花野」万） しげの（「茂野」万） あらの（荒野「安良能」万） しめの（「標野」万） のやま（野原「野山」万） その（苑「曽能」万） そのふ（苑圃「曽能不」万）

○はら（原） あさぢはら（浅茅原「阿佐遅波良」記） あしはら（葦原「阿斯波良」記） いつしばはら（繁柴原「五柴原」万） しのはら（細竹原「志努波羅」肥前国風土記） あさじのはら（浅小竹原「阿佐士怒波良」記） かやはら（「草原」万） すがはら（菅原「須賀波良」記）・すげはら（「須宜波良」記） すぎはら（「杉原」万） まつばら（松原「麻菟麼邏」紀） こまつばら（「小松原」万） ひばら（「檜原」万） あはふ（粟田「阿波布」記） ちふ（「茅生」万） まめふ（「豆田」紀） むぐらふ（蓬生「牟具良布」万） をふ（「麻原」万） はにふ（埴生「波迩賦」記） くさむら（叢「久草無良」万） すぎむら（「杉村」万） たかむら・たかはら（竹村） つきむら（槻村） こむら（「樹村」万）

○た（田「多」記） たのも（田圃「田能毛」万） たゐ（田居「田井」万） をだ（「小田」万） こなた（「水田」紀） わさだ（「早田」万） あげた（「高田」記） くぼた（「下田」記） ながた（「長田」紀） やまだ（山田「夜麻陀」記） をろた（峰田「乎呂田」万） やまがた（山県「夜麻賀多」記） かどた（「門田」万）・かなとだ（「可奈刀田」万） みた（御田「三田」万） さなだ（神聖な田「狭名田」紀） まちだ（「町田」播） みとしろ（神田「御戸代」宣） はりた（「墾田」万） にひばり（「新治」万） あらき（「荒木」万） あらきた（未開墾田「荒城田」万） あらた（「荒田」播） いした（石田「伊之多」琴） そね（磽「贈禰」紀） ししだ（鹿猪田「子師田」万） なづきた（漬田「那豆岐田」記） はた（畑「八多」万）・はたけ（陸田「波陀該」紀） みぞ（溝「美序」華） うなて（「溝」紀） あ（畦「阿」記）

うね（「畝」紀）
○みち（道「美知」万）おほぢ（大路「於保知」万）いへぢ（家路「伊弊遅」万）みやぢ（「宮道」万）いちぢ（「市道」万）やまぢ（山路「夜麻治」万）かはぢ（川道「可波治」万）もりみち（「森俓」万）よきぢ・よきみち（脇道「与奇道」万）したぢ（「下道」万）しげぢ（「繁道」万）はりみち（新道「波里美知」万）ちまた（衢「道俣」記）ふなと（岐「布那斗」紀）さか（坂「佐可」万）さかもと（坂本）やまさか（山坂）くまさか（「隈坂」万）せき（塞「世伎」万）
○くぬか（「陸」紀）・くが（「陸」紀）つつみ（堤「都追美」万）いはとこ（「磐床」万）いはつほ（「石穴」紀）いはくえ（岩崩「伊波久叡」万）きし（崖「木志」万）あず（崖「安受」万）まま（崖「麻万」万）くま（隈「区莽」紀）くまで（隈「矩磨涅」紀）くまと（隈「久麻刀」万　くまみ（阿廻「久麻尾」万）

(三) 擬声語擬態語

擬声語擬態語（オノマトペ）は上代においてすでに発達していた。上代の語彙と見られる語を中心にあげておく。

◎擬声語（擬音語）

・動物の鳴き声　い〈馬のいななき〉かか〈鳥の鳴き声〉かけ〈鶏の鳴き声〉かぐかぐ〈ミサゴの鳴き声〉ここ〈猿の鳴き声〉こむ〈狐の鳴き声〉ころく〈鳥の鳴き声〉ひひ〈鹿の鳴き声〉ぶ〈蜂の飛ぶ音〉む〈牛の鳴き声〉

・人の声　そ〈馬を追う声〉ま〈犬を呼ぶ声〉

・自然の音　さや〈竹の葉擦れの音〉たしだし〈霰の降る音〉

・物音　かわら〈ガラガラ〉こご〈物をもむ音〉さや・さやさや〈物がすれる音〉さわさわ（に）〈騒がしい音〉そそ〈軽く動く音〉つは（と）〈物を水中に投げ入れる音〉とど〈戸をたたく音、馬の足跡〉ひし〈床の鳴る音〉びしびし〈鼻汁をすすり上げる音〉ふつ（に）〈物を切る音〉ゆら・ゆらら〈玉や鈴が触れ合う音〉

鳴き声が虫や鳥の名の構成要素となっている語に「ほととぎす・うぐひす・すずめ」「こほろぎ」などがあり、

その鳴き声そのもので「かくがのとり」〈ミサゴ〉、「ほほきとり」〈ホトトギスの異名〉とも呼ばれる。また、動詞の構成要素として「かかなく」〈ワシなどが鳴く〉、「かかのむ」〈がぶがぶ飲む〉の「かか」は擬声語（擬音語）にあたる。

◎擬態語

うら-うら（に）〈長閑〉　くるるに〈くるくると物の回るさま〉　こをろこをろ〈ころころと〉　さゐさゐ・さゑさゑ〈さわぐさま〉　しの（に）・しののに〈ぐったり〉　しほほ（に）〈ぐっしょりと〉　すくすく（と）〈どんどん〉　すぶすぶ〈すぼまって狭いさま〉　そよ〈さやさや〉　つだつだに〈ずたずたに〉　にふぶ（に）〈にこにこ笑うさま〉　はらら（に）〈ばらばら〉　ほどろ〈雪がマダラに積もるさま　ぽたぽた〉　ほらほら〈うつろなさま〉　ほろ（に）〈はらはら?〉　もそろもそろ（に）〈そろりそろり〉　ゆた（に）〈ゆったり〉　ゑらゑら（に）〈笑い楽しむさま〉

（四）忌詞

不吉な意味を連想させる語を直接に用いず、婉曲に別に言い換えた言葉を忌詞という。神を恐れたり、不浄感を避けたりする気持ちによるもので、その起源は言霊信仰にある。特に「斎宮忌詞」は、伊勢の斎宮という特定の場および身分階級で用いられた言葉で、仏教関係の語や、死・病気などの不浄な語を忌み避けた。『皇太神宮儀式帳』（八〇四）には次のような語が記されている。

奈津《なづ》〈撫づ〉［↑人打《うつ》］　垂塩《しほたれ》［↑鳴《なく》］
阿世《あせ》〈汗〉［↑血《ち》］　多気《たけ》〈茸〉［↑宍《しし》〈肉〉］
中子《なかご》［↑仏《ほとけ》］　曽目加弥《そめがみ》〈染紙〉［↑経《きやう》］
阿良々支《あららき》［↑塔《たふ》］　髪長《かみなが》［↑法師《ほふし》］
角波須《つのはず》［↑優婆塞《うばそく》］　瓦葺《かはらぶき》［↑寺《てら》］
片食《かたじき》［↑斎食《いもひ》〈僧の食事〉］
奈保利物《なほりもの》〈直り物〉［↑死］
土村《つちむら》［↑墓《はか》］　慰《やすみ》［↑病《やまひ》］

ちなみに、『延喜式』巻五には忌詞として、内七言・外七言に分類した一四語を示し、斎《いもひ》を「片敷《かたじき》」、死を「奈保留《なほる》」、病を「夜須美《やすみ》」、堂を「香燃《こりたき》」、尼を「女髪《めかみ》長《なが》」と称するなどとある。『日本書紀』の古訓には「失火・出火」を「みづながれ〈水流〉」と訓読した例があるが、これも忌詞の一種である。

新羅から帰化した尼理願に対する大伴坂上郎女の挽歌(『万葉集』③四六〇)に「生《い》ける人《ひと》死《し》ぬといふことに免《まぬか》れぬものにあれば」という一節が見えるが、これは一般論としての「死」を述べたもので、歌の続きでは尼理願が死んだことを「かくります」と表現し、反歌(③四六一)では「くもがくる」と歌っている。すなわち、特定の人物が死ぬという場合、別の言葉で婉曲に表現しているのである。大伴家持が亡き妻の死を「かくる」(③四六六)と歌い、死なせる意を「やまがくす」(③四七一)と婉曲に表現した例もある(その自動詞形に「やまがくる」(⑮三六九二)があるが、これは本文を「也々」ではなく「也之」に校訂して「しまがくる」と読む説もある)。このような動詞「かくる」の婉曲的用法は天皇の皇子に対する挽歌に広く見られ、高市皇子に「いはがくります」(②一九九)、弓削皇子に「かくりたまふ」(②二〇五)、大津皇子に「くもがくる」(③四一六)、長屋王に「くもがくります」(③四四一)というように、高い敬意を表す場合に用いられている。なかでも、高市皇子に対する「いはがくる」は最も敬意の高い言い方であった。

九. 漢 語

(一) 万葉集の漢語

奈良時代以前は、日本固有の語(和語)が圧倒的に多い一方で、漢字音によって構成される語、すなわち漢語も早い段階からすでに用いられていた。ただし、漢語が九世紀以前にどの程度用いられていたか明らかにするのは容易でない。それは、仮名が成立する以前においては、すべて漢字で表記されていて、字音で読む漢語なのか、訓で読む和語表記なのか判断することがきわめてむずかしいからである。たとえば、『万葉集』の題詞(②二〇三)に「悲傷流涕」という表記が見える。これを和語で「悲しび傷《いた》み涕《なみだ》を流す」のように訓読するか、そのまま字音で「ひしやうりうてい」のように読むかは容易に決しがたい。もし後者だとすると、そのような漢語が使用されていたことになる。

『万葉集』の和歌は五音・七音を基本とする音数律によって歌われたもので、漢字表記の読みをある程度限定できることから、漢語として用いられた例と認められるものもある。次に示す歌は『万葉集』の中で最も多くの漢語を含む歌である。

詠双六頭歌
一二之目　耳不有　五六三　四佐倍有来　双六乃佐叡
（⑯三八二七）
《いちにのめ　のみにはあらず　ごろくさむ　しさへありけり　すぐろくのさえ》
〈一二の目だけはなく、五六三四まであることだ、双六のサイコロは。〉

ここには、次のような漢語が用いられていたことがわかる。

［数　詞］一《いち》　二《に》　三《さむ》　四《し》　五《ご》　六《ろく》
［遊戯用語］双六《すぐろく》　采《さえ》（サイコロの意で、この当時［saye］と発音されていた）

『万葉集』には、ほかにも次のような漢語の使用が確定できる。

布施《ふせ》（⑤九〇六）　香《かう》・塔《たふ》（⑯三八二八）　力士《りきじ》舞《まひ》（⑯三八三一）　餓鬼《がき》（④六〇八・⑯三八四〇）　法師《ほふし》（⑯三八四六）　檀越《だにをち》（⑰三九四七）波羅門《ばらもに》（⑯三八五六）　〔仏教系漢語〕
過所《くわそ》（⑮三七五四）功《くう》・五位《ごゐ》（⑯三八五八）　〔律令系漢語〕
無何有《むがう》・藐孤射《まこや》（⑯三八五一）　〔思想系漢語〕
皂莢《ざうけふ》（⑯三八五五）　〔産物名〕

漢語は巻十六に多く見え（他に巻四、五、十五に見える）、その巻の性質から日常的に使用された語が使われたことがうかがわれる。中には防人歌に見える場合もある。

和我都麻母　画尓可伎等良無　伊豆麻母加　多妣由久阿礼波　美都々志努波牟（⑳四三二七）
《我が妻も　絵《ゑ》に描《か》き取らむ　暇《いとま》もが　旅行く我《あれ》は　見つつ偲《しの》はむ》
〈私の妻を絵に描き写せる暇でもあればよい。そうしたら旅行く私は見ては偲ぶのに。〉

原文の「画」はヱ〈「絵」の呉音形〉と読む漢語である。字音語をそのまま用いるのではなく、訓のように「画」にあてているところから、ヱ〈絵・画〉は和語の意識が強かったともいえよう。このほか、長さの単位「サカ」（⑬三二七六）は「尺」の字音から、量の単位「サカ」（⑪二四〇七）も「積」の字音に由来するものであるが、これらもすでに開音節化させて発音していることから、漢語であるという認識には乏しかったようにも思われる。

(二) 散文の漢語

『万葉集』以外に見える漢語に「ちしき〈知識〉」、「はかせ〈博士〉」、「ご〈碁〉」、「びは〈琵琶〉」、「さ〈紗〉」などがあるが、ここでは散文の資料として『続日本紀』宣命《せんみよう》を見てみよう。宣命は漢文よりもかなり読み方が限定されるので、漢語か和語かが区別しやすい。そこで、一部の漢文的表現を除外して、そこに見える漢語を挙げると次の通りである。

経《きやう》　観世音菩薩《くわんせおむぼさつ》　智識《ちしき》　寺《じ》　袈裟《けさ》　如来《にようい》…　〔仏教系漢語〕

謀反《むほん》　孝子《けうし》　義夫《ぎふ》　節婦《せちぶ》　禄《ろく》　力田《りきでん》……　〔律令系漢語〕

礼楽《らいがく》　仁孝《にんけう》　〔思想系漢語〕

このほか、第五九詔〈天応元年四月三日〉（七八一）には「百行」「百足」など漢籍やその註疏に見える漢語を引用している。ちなみに、仏教系漢語には「さみ〈沙弥　梵語 śrāmanera の音訳〉」「さり〈舎利　梵語 śarīra の音訳〉」「ほとけ〈仏〉［「ほと」は梵語 Budda を「浮図・浮屠」などと書いたことから］」「はち〈鉢　pātra「鉢多羅」の下略〉」のような梵語（サンスクリット語）に起源をもつ語もある。

以上のように、漢語を使用する分野はかなり限定的である。口頭で読み上げるという宣命の文章は、もっぱら和語を用いて理解しやすく書かれていて、その意味で、仏教・律令に関係する漢語は、一般の人々が聞いて理解できるというようなレベルにはなかったと考えられる。漢語の使用は、識字能力の高い人（貴族・官人・僧侶など）にほぼ限られていたのであろう。

(三) 漢語の定着度

漢語は前記したように、漢籍系・思想系の語だけなく、音楽用語・遊戯用語・産物名のほか、調度品にも及んでいた。『播磨国風土記』讃容《さよ》郡条には、地名「伊師《いし》」の語源を「川底如床」〈川《かは》の底《そこ》、床の如《ごと》し〉と記し、「いし

〈床〉」で説く一節が見える。「いし」は漢語「倚子《いし》」のことで、床几を意味する。つまり、「床」の読みに漢語が当てられていることになる。このように、『播磨国風土記』の執筆者である役人にとって「倚子《いし》」は使用語彙であって、「倚子」という調度品の名称も地方にまで定着していたと見られ、このことは、日常的な漢語使用の状況・分野を考える上で大いに参考になろう。

それまで存在しなかった新たな概念や事物などは、日本固有の言葉に翻訳できなければ、そのまま借用するしかない。漢語の借用は、現代における、英語などの外国語からの流入と全く変わりない。文明文化の高きから低きに知識や言葉が伝わるように、漢語の日本語への浸透は不可避であった。それとともに、日本人のものの考え方・感じ方、社会のしくみ、経済的活動などさまざまな分野に大きな変動をもたらすことにもなった。

ちなみに、漢語が日本語に定着する過程では、これをそのまま音読するのではなく、訓読することも行われた。もちろん漢語を訓読した語は和語に相当し、たとえば『万葉集』の大伴旅人の歌に次のように見える。

古之七賢人等毛欲為物者酒西有良師（③三四〇）

《古《いにしへ》の七《なな》の賢《さか》しき人《ひと》たちも欲《ほ》りせしものは酒《さけ》にしあるらし》

夜光玉跡言十方酒飲而情乎遣尓豈若目八方（③三四六）

《夜光る玉といふとも酒飲みて心を遣るにあにしかめやも》

前者は竹林の「七賢人」、後者は『文選』李善注などに見える「夜光之珠」のことである。漢文訓読を背景として訓読みした語に、「ななしのおよび」〈薬指　「無名指」の訓読み〉、「もろこし」〈唐　「諸越」の訓読み〉、「おほほし」〈木星　「太歳」の訓読み〉、「あかがね」〈銅　「赤金」の訓読み〉などが挙げられる。このことを念頭に置くと、たとえば「いつくさのたなつもの」も漢語「五穀」の訓読みと見ることもできる。

一〇．さまざまな位相

（一）　男性語と女性語

「きみ〈君〉」「わがせこ〈我背子〉」は原則として女性から男性を、「わぎも〈我妹〉」「わぎもこ〈我妹子〉」は男性から妻・恋人を指す場合に用いられるというように、言葉遣いが男女によって異なっていた。また、女性は夫・恋人に対する歌にしばしば「きます」（『万葉集』⑪二三八〇）、「います」（⑪二三八四）や補助動詞「たまふ」（⑪二五三二）、尊敬の助動詞「す」（⑪二五五六）などを用いて敬意を表しており、品位を保つ言い方を好んだことがわかる。

(二) 雅語と俗語

『万葉集』では歌の中に「たづ」〈鶴「多頭」⑥九一九〉、「かはづ」〈蛙「河津」③三二四〉という語が用いられている。一方、助動詞「つ」の連体形の「つる」を「鶴」（「相見《あひみ》鶴鴨《つるかも》」①八一）、「かへるで」〈もみじの一種〉を「蝦手」（⑧一六二三　「蝦」はカエルの総称）と表記している。このことから、「たづ」「かはづ」は和歌などに用いる雅語であるのに対して、「つる」「かへる」は和歌で使うことのない普通の話し言葉（口語）、すなわち俗語であったと考えられる。このように、上代においてすでに雅語・俗語の使い分けが意識されていたことが知られる。

(三) 方言語彙

『万葉集』巻一四の東歌《あずまうた》や巻二〇の防人歌《さきもり》を通して東国（北海道を除く東日本）の方言が知られる（概説参照）。語彙では音訛による語形（上が中央語、下が東国方言の語形）として、代表的なものを挙げてみよう。

[u：o乙]　ゆき⇕よき〈雪〉
[o乙：u]　まろね⇕まるね〈丸寝〉
[o甲：u]」　いとま⇕いつま〈暇〉
[o乙：i]　ひろふ⇕ひりふ〈拾〉
[a：o]　おも⇕あも〈母〉
[a：o甲〜u]　ながらふ⇕のがなふ〜ぬがなふ〈流〉
[e乙：o乙]　かげ⇕かご〈影〉
[o：e乙]　おもがはり⇕おめがはり〈面変〉
[t：s]　かち⇕かし〈徒歩〉
[m：y]　むすぶ⇕ゆすふ〈結〉
[r：n]　らむ⇕なむ〈助動詞「らむ」〉〈右の「ながらふ⇕の〈ぬ〉がなふ」も〉

母音では、イ段・エ段・オ段の甲乙の違い、たとえば[i乙：i甲]「かみ」〈神〉、[e甲：e乙]「いへ」〈家〉、[o乙：o甲]「いと」〈甚　副詞〉などもあるが、これらは上代特殊仮名遣いを混同した例と解される。特有の語彙としては、「かがひ」〈嬥歌　『常陸国風土記』香島郡にも見える〉、や、「まぬる」〈罵〉、「あず」〈崖〉、「しだ」〈時〉、「いはゐつら」〈蔓草の一か〉などがあるほか、『万葉集』では巻五の筑紫歌壇においては「もね」〈皆〉のような九州方言や、大伴家持が越中に在任中の巻々〈巻一七～二〇〉にも「あゆ」〈東風〉のような越中方言が歌い込まれている。

また、「風土記」には土地の言葉を「俗言」として記述した例がある。「国巣《くず》俗語云都知久母《つちくも》、又夜都賀波岐《やつかはき》」〈常陸国風土記　茨城郡〉は、凶暴な土着民の意である「くず」のことを常陸《ひたち》（今の茨城県）では「つちくも」または「やつかはき」といい、「土歯池《ひぢはの》　俗言岸為比遅《ひぢ》波《は》」（肥前国風土記高来《たかく》郡）は、「きし〈岸〉」のことを肥前（今の長崎県・佐賀県）では「ひぢは」というと記している。『常陸国風土記』には、「にしもの」〈賊〉、「やと」〈蛇〉、「すけ」〈鮭〉、「さち」〈幸福〉などの語も見え、次の語も九州方言かと考えられる。

くべり〈語義未詳　動詞「くべる」の連用形か　『豊後風土記』速見郡〉

くし〈栗　『塵袋』所載『日向国風土記』逸文か〉

くしら〈髪梳　『万葉集注釋』所載『大隅国風土記』逸文　隼人方言と記す〉

参考文献

泉井久之助（一九六一）「上代日本語における母音組織と母音の意味的交替」『音声科学研究　一』一

川端善明（一九七七）『活用の研究　二』清文堂出版

宮島達夫（一九七一）『古典対照語い表』笠間書院

上代語辞典編集委員会編（一九六七）『時代別国語大辞典　上代編』一九六七　三省堂

阪倉篤義（一九六六）『語構成の研究』角川書店

吉田金彦（一九七六）『日本語語源学の方法』大修館書店

安藤正次（一九二四）『古代国語の研究』内外書房〈『安藤正次著作集』第二巻（一九七四）雄山閣所収〉

沖森卓也（一九九七）「形容詞語幹の分類　−上代語を対象として」『立教大学日本語研究』四

沖森卓也（二〇一八）「母音交代と母音交替」『歴史言語学の射程』三省堂

沖森卓也（二〇二〇）「『日本書紀』の語法と文体」『悠久』一六一（鶴岡八幡宮悠久事務局）

第五章　文　法

森野　崇

はじめに

本章では、奈良時代における日本語の文法について、平安時代との比較を交えつつ、その特徴等を述べていく。まずは動詞、形容詞、助動詞、助詞といった品詞ごとに節を設けて整理し、その後、「ク語法」と呼ばれるこの時代の特殊な語法や敬語に関しても、少々ふれることとしたい。

一．動　詞

動詞や形容詞は、述語として文を言いきる場合、後続の名詞を修飾する場合など、必要に応じて語形を変え、種々の文法的なはたらきを担う。語が必要に応じて語形を変化させる現象を「活用」と呼ぶが、この節では特に活用の仕方や活用した語形に注意を払い、奈良時代の動詞について述べていく。

(一)　語幹と活用語尾

活用で生じる各語形について、高校で学ぶ、平安時代の文法体系を中心に据えた古典語文法では、「未然形」「連用形」「終止形」「連体形」「已然形」「命令形」の名称が与えられている。このうち「已然形」は、現代語文法ではそのはたらきの変化に伴い、「仮定形」と改称されている。同じく活用の仕方については、古典語文法では「四段活用」「上一段活用」「上二段活用」「下一段活用」「下二段活用」「カ行変格活用」「サ行変格活用」「ナ行変格活用」「ラ行変格活用」の九種類に整理され、教科書や参考書には多く表5・1のような活用表が載る。

表中の「語幹」は、活用の際に語形変化が生じない部分の称である。例えば「読む」は、「よま（ず）」「よみ

（けり）」「よむ」「よむ（とき）」「よめ（ど）」「よめ」と語尾が変化するが、「よ」の部分は常にそのままで変化しない。この「よ」が語幹で、「よま」「よみ」の「ま」「み」のように変化している部分は「活用語尾」、あるいは単に「語尾」と呼ばれる。一方、カ行変格活用の「来《く》」やサ行変格活用の「す」（以下では、変格活用については「カ変」「サ変」などと略称することがある）では、「よむ」の「よ」のように不変の共通部分が見出せない。教科書や参考書、古語辞典などでは、語幹の欄が○の表示になっていたり、（ ）付きで「く」や「す」が示されていたりして、語幹と活用語尾との区別ができない旨の説明が付くことも多い。

表5・1 古典語動詞活用表

種類	例	語幹	未然	連用	終止	連体	已然	命令
四段	読む	読(よ)	ま	み	む	む	め	め
上一段	見る	○	み	み	みる	みる	みれ	みよ
上二段	起く	起(お)	き	き	く	くる	くれ	きよ
下一段	蹴る	○	け	け	ける	ける	けれ	けよ
下二段	暮る	暮(く)	れ	れ	る	るる	るれ	れよ
カ行変格	来(く)	○	こ	き	く	くる	くれ	こ
サ行変格	す	○	せ	し	す	する	すれ	せよ
ナ行変格	死ぬ	し	な	に	ぬ	ぬる	ぬれ	ね
ラ行変格	あり	あ	ら	り	り	る	れ	れ

　上一段動詞と下一段動詞も、「見る」を例にとれば、各活用形に共通する部分として「み」が取り出せるものの、これを語幹と認めると、今度は未然形や連用形の活用語尾がなくなるために、いわば活用語尾の確保を優先する国語教育の文法では、語幹を空欄とすることが一般的である。

　ただ、活用の際に語形変化が生じない部分を語幹と定めるのであれば、「み」を語幹と捉えてもよいはずである。さらに、「ｋｕ」「ｋｉ」など、母音・子音の表し分けが可能なローマ字を用いれば、先のカ変動詞やサ変動詞の場合も各活用形に共通する部分は取り出せるし、ナ変動詞やラ変動詞、四段動詞についても、より厳密に不変化部分を指定することができる。

　表5・2を見れば、動詞の活用は、母音の交替と「ｒｕ」「ｒｅ」「ｙｏ」といった接辞の付加によって成り立っていることが、容易に理解されよう。現代語の場合、ほとんどの動詞は、「読む」のように語幹に接続する母音の交替によって各活用形が作られる五段活用か、「見る」や「寝る」のように語幹末が母音で、終止形以降に

表5・2　ローマ字を用いた古典語動詞活用表

種類	例	語幹	未然	連用	終止	連体	已然	命令
四段	読む	yom	a	i	u	u	e	e
上一段	見る	mi	○	○	ru	ru	re	yo
上二段	起く	ok	i	i	u	uru	ure	iyo
下一段	蹴る	ke	○	○	ru	ru	re	yo
下二段	暮る	kur	e	e	u	uru	ure	eyo
カ行変格	来(く)	k	o	i	u	uru	ure	o
サ行変格	す	s	e	i	u	uru	ure	eyo
ナ行変格	死ぬ	sin	a	i	u	uru	ure	e
ラ行変格	あり	ar	a	i	i	u	e	e

「ru」「re」などの接辞が付くことで語形が変化する一段活用である（他にはカ変動詞「来る」とサ変動詞「する」のみ）が、古代語の場合は、現代語の五段活用へと至る、母音交替型の四段活用と、「i」「u」や「e」「u」の母音交替に連体形以降「ru」等の接辞が加わる形の、上二段・下二段の二段活用動詞がめだつ。築島裕（一九六九）は、二段活用の多くは下二段で、古代語の動詞の約六割を四段活用が占め、下二段活用が三割でこれに次ぐことを報告している。

（二）動詞活用の種類

奈良時代の動詞には、活用の種類をめぐって注意すべき点が少なくない。まず、現代語では五段活用とともに多数の動詞が属する一段活用は、古代の日本語ではさほど多くなく、特に下一段活用は「蹴る」一語しか見られない。しかも、『日本書紀』巻一・神代上に「蹴散」の訓注として「此云倶穢簸邏邏箇須」とあることなどから、奈良時代にはワ行下二段活用動詞「くう」だった可能性が指摘されており、その場合、この期の動詞活用の種類は、平安時代より一種少ない八種類だったことになる。

上一段活用の動詞は、「着る」「似る」「煮る」「干《ひ》る」「嚔《ひ》る」「簸《ひ》る」「見る」「射る」「居る」など十数語認められ、語形としては「きる」「にる」「ひる」「みる」「いる」「ゐる」のいずれかであることが知られているが、こちらも奈良時代には一段活用でない語が含まれている。例えば、「干る」は『日本書紀』巻七・景行天皇一二年の「市乾鹿文」の訓注に「乾此云賦」とあることや、次の『万葉集』の例などから、当時は上二段活用の「ふ」だったと考えられる。

（一）　潮干（非）なばまたも我来むいざ行かむ沖つ潮

騒高く立ち来ぬ（『万葉集』⑮三七一〇）

奈良時代の、漢字を表音文字として用いた、いわゆる万葉仮名では、「き」「ひ」「み」などの一三音節に、「上代特殊仮名遣い」と呼ばれる、漢字の明確な書き分けがあることが判明している。これは、これらの音韻に当時それぞれ二種類の区別（甲類・乙類）が存在したことの反映と捉えられるが、上二段活用動詞の未然形・連用形の「ひ」と上一段活用の未然形・連用形の「ひ」にもこの書き分けが存在し、（一）の「非」はハ行上二段活用の未然形・連用形に用いられる漢字のひとつであるため、「干る」は奈良時代には上二段活用動詞「ふ」だったと推測できるわけである。くしゃみをする意の「嚏《ひ》る」や、「嚏《ひ》る」と同源とされ、箕《み》で穀物をふるってゴミを取り除く意の「簸《ひ》る」も、同様の分析を通じて当時上二段活用「ふ」だったと推測される。

次に、「居《う》」「居《ゐ》る」、「廻《む》」「廻《み》る」、「荒ぶ」「荒びる」、「いさつ」「いさちる」など、奈良時代に上二段活用と上一段活用の二種の活用を有したことが考えられる動詞を見ておこう。

（二）霞居《ゐ》る（為流）富士の山辺《び》に我が来なばいづち向きてか妹が嘆かむ（『万葉集』⑭三三五七）

（三）たまきはる我が山の上に立つ霞立つとも居《う》（座）とも君がまにまに（『万葉集』⑩一九一二）

（四）陸奥国《みちのくに》の荒びる（荒備流）蝦夷《えみし》どもを討ち治めに任けたまひし、……（『続日本紀宣命』六二詔）

（五）……悉《ことごと》く荒ぶる（荒夫琉）蝦夷どもを言向け、……（『古事記』中巻）

例えば「居る」の場合、奈良時代から（二）のように上一段活用の例が認められるが、（三）や『日本書紀』巻五・崇神天皇一〇年の訓注「急居此云菟岐于」から、終止形が「う」である上二段型の活用も、古くあったものと解しうる。（四）の「荒びる」にも、（五）のように上二段活用の「荒ぶ」と思われる例がある。これら二種の活用型をもつ動詞では、上二段活用が先行し、そこから上一段活用に転じる展開が一般的だったようである。

一方、「隠る」「触《ふ》る」「忘る」などは、奈良時代に四段活用と下二段活用が認められ、平安時代以降下二段活用だけになるし、「帯ぶ」や「紅葉《もみ》つ」は、奈良時代には四段活用のみで、次代に上二段活用に転じている。左に、「隠る」の例を掲げておく。

（六）……青山に日が隠ら（加久良）ばぬばたまの夜は出でなむ……（『古事記』歌謡三）

（七）妹が門いや遠そきぬ筑波山隠れ（可久礼）ぬほとに袖は振りてな（『万葉集』⑭三三八九）

これらの語では四段活用が古く、後に定着する二段活用の方が四段活用から転じたものと推察されよう。

（三）各活用形の用法

本項では、奈良時代の各活用形の用法や語形に関して、特に注意しておきたい点などを記述していくが、未然形や連用形、終止形の用法には、平安時代と大きく異なる点はない。未然形は、助詞「ば」や助動詞「む」「ず」など、常に他の語が付加する形で用いられ、単独では使用されないし、連用形も平安時代と同様に、「て」「つつ」等の接続助詞や「つ」「き」等の完了や過去に関与する助動詞が後接するほか、中止法に用いられたり、形容詞であれば副詞的に用言を修飾したりといった用法をもつ。終止形は終止法を担うほか、「らむ」「らし」などの助動詞や「や」「な」「とも」といった助詞類が付く。連体形は体言に連なる連体法や、連体形自体が体言に準じたものとなる準体法のほか、係り結びの結びとして文の終止に用いられたり、いわゆる「連体止め」として、係助詞なしでも文の終止に使用されたりもする。連体形に後接する接続助詞や終助詞もある。

連体法に関しては、終止形によるそれと解せる例が、数は少ないながら見出される。

（八）射ゆ（伊喩）鹿猪《しし》を認《つな》ぐ川辺の若草の若くありきと吾が思はなくに（『日本書紀』歌謡一一七）

（九）泊瀬川流る（流）水沫《みなわ》の絶えばこそ我が思ふ心遂げじと思はめ（『万葉集』⑦一三八二）

歌の例であるため、音数律の影響も考えられるが、連体形ならば「射ゆる」「流るる」となるところである。奈良時代に既に一語化しているとも見られる「泉」「なゆ竹」等も、「出づ＋水《み》」「萎ゆ＋竹」といった構成を考えると、連体形の「出づる」「萎ゆる」でなく、終止形が体言を修飾していることになる。

次に、平安時代との相違が大きい、已然形のはたらきをとりあげる。已然形は、接続助詞の「ば」「ど」「ども」を後接させて、順接や逆接の条件を表現したり、係助詞「こそ」の結びとなって係り結び構文の構成に関与したりといった用法をもつ。

（一〇）石走る滝もとどろに鳴く蟬の声をし聞けば（伎気婆）都し思ほゆ（『万葉集』⑮三六一七）

（一一）……立ちて居て見れども（見礼登毛）あやし……（『万葉集』⑰四〇〇三）

（一二）山吹をやどに植ゑては見るごとに思ひは止まず恋こそ増され（已曽益礼）（『万葉集』⑲四一八六）

この条件表現に関して、奈良時代には接続助詞を伴わない、已然形単独で形成された例が認められる。

（一三）……引き放つ矢のしげけく　大雪の乱れて来たれ（来礼）　まつろはず立ち向かひしも露霜の消なば消ぬべく　行く鳥の争ふはしに……（『万葉集』②一九九）

（一四）……天伝ふ入り日さしぬれ（奴礼）　ますらをと思へる我も　しきたへの衣の袖は通りて濡れぬ（『万葉集』②一三五）

（一五）家離《ざか》りいます我妹を留めかね山隠しつれ（都礼）心どもなし（『万葉集』③四七一）

（一六）大舟を荒海に漕ぎ出でや舟たけ（多気）我が見し児らがまみは著しも（『万葉集』⑦一二六六）

これは、動詞に限らず活用語の已然形に広く見られる現象で、（一三）は動詞の例、（一四）（一五）は助動詞「ぬ」「つ」の例である。いずれも助詞を伴っていないものの、例えば（一三）や（一四）ならば、「ば」が付いた「大雪の乱れて来たれば」「入り日さしぬれば」と同じように、「大雪の降り乱れるように（矢が）乱れ飛んでくるので」「入り日が差してきたので」といった解釈が可能であり、已然形で示された確定事態が、順接の関係で後続の句に連なっていると捉えられる。妻の死を「山隠す」で表現した（一五）の場合も、「（愛する妻を）山に隠してしまったので、しっかりとした心もない」の意で、やはり「ば」を用いた順接の確定条件と同様に理解できる。もちろん、已然形に見られるこの用法を早くに整理した石田春昭（一九三八）の説くとおり、「ば」

が付加した場合ほどには前件と後件の繋がりは緊密ではないだろうし、前件が原因・理由となって後件が成立するといった因果関係の度合いにも、濃淡が生じると思われる。（一三）も、「ので」を用いて現代語訳する注釈書もあれば、明確な原因・理由と帰結といった関係と捉えず、「飛んでくると」と訳す注釈書もある。石田春昭（一九三八）も、この例について「「来るが」と訳して当たらぬ事もない」（上・七二頁）と述べている。

一方、已然形単独で示された前件が、「ど」「ども」が付加した例に等しく、明確に逆接の関係で後件に続くケースは見出しがたい。先の（一六）の「や舟たけ」は、「漕いでいるけれど」のように逆接として捉える見方もあるが、吉永登（一九七〇）や山口佳紀（一九八六）の指摘どおり、「漕いでいくと」といった順接の関係でも十分理解でき、逆接としか解せない例とは言えないであろう。

奈良時代の已然形には「か」「かも」「こそ」等が直接した例も存するが、これらも[1]「已然形＋ば＋か」といった連接と同様に考えることができる。

（一七）蘆辺より満ち来る潮のいや増しに思へか（念歟）君が忘れかねつる（『万葉集』④六一七）

（一八）山菅の止まずて君を思へかも（念可母）我が心どのこのころはなき（『万葉集』⑫三〇五五）

また、平安時代との比較で、語形に注意すべき活用形として、命令形がある。（一九）はサ変動詞の命令形と解せるが、「せよ」ではなく「せ」となっている。（二〇）の下二段活用「立つ」も、「標を立てよ」という命令表現であるが、「立てよ」でなく「立て」となっている。

（一九）うたて異《け》に心いぶせし事計りよくせ（為）我が背子逢へる時だに（『万葉集』⑫二九四九）

（二〇）大伴の遠つ神祖《かむおや》の奥つ城は著く標《しめ》立て（多弖）人の知るべく（『万葉集』⑱四〇九六）

このように、平安時代には常に「よ」を伴うのに、奈良時代には「よ」が付加しない命令形の動詞が見られる。これらは本来、「よ」なしで命令形が成立しており、そこに終助詞「よ」が後接するようになって、そちらが一般化したものと思われる。サ変動詞や下二段動詞の場合は、奈良時代でも「よ」を伴う命令形が多く認められる。（二一）は、一首の中に「見よ」「見」と双方の形が用いられている。

（二一）良き人の良しとよく見て良しと言ひし吉野よく見よ（見与）良き人よく見（三）（『万葉集』①二七）

（二二）逢はむ日の形見にせよ（世与）とたわやめの思ひ乱れて縫へる衣ぞ（『万葉集』⑮三七五三）

なお、カ変動詞の「来」に関しては、長く「よ」を伴わない命令形「来《こ》」が使用され、「来よ」の定着は中世以降となる。

二. 形容詞

古典語の形容詞は、ク活用とシク活用の二種に分けられる。これは活用の仕方による分類・名称であるが、意味的な違いに関しても、山本俊英（一九五五）が、「白し」「高し」「広し」「深し」など、ク活用は状態や属性を表す形容詞に偏り、「惜し」「苦し」「悔し」「懐かし」など、シク活用は情意的な意味をもつ形容詞に偏ること、奈良時代においては、ク活用の例外が一二%ほど、シク活用の例外が二六%ほどに留まることを指摘している。

（一）形容詞の活用

右に述べた形容詞の二種の活用は、補助活用と呼ばれるものを含め、表5・3のように整理されることが多いが、動詞の活用同様、語形の変化が生じない部分を語幹だとすると、シク活用では、各活用形の「し」は常に認められるから、ここまで含めた「うつくし」を語幹と考えることができる。その場合は、シク活用の各活用形の「し」は表中の語幹の欄に移行し、終止形は特定の語尾がないことになる。

では、奈良時代の形容詞について、平安時代の形容詞に基づくこの活用表との相違点を中心に述べていく。最

表5・3 古典語形容詞活用表

種類	例	語幹	未然	連用	終止	連体	已然	命令
ク活用	高し	たか	○	く	し	き	けれ	○
			から	かり	○	かる	○	かれ
シク活用	美し	うつく	○	しく	し	しき	しけれ	○
			しから	しかり	○	しかる	○	しかれ

初に未然形であるが、次のように「け＋ば」「け＋む」という連接が見られる。

（二一三）　恋しけば（恋之家婆）形見にせむと我がやどに植ゑし藤波今咲きにけり（『万葉集』⑧一四七一）

（二一四）　住吉《すみのえ》に斎《いつ》く祝《はふり》が神言《かむごと》と行くとも来とも舟は早けむ（早家无）（『万葉集』⑲四二四三）

「ば」「む」が付く形容詞の「け」語尾は珍しくなく、古く未然形の役割を担っていたと思われる。

形容詞の未然形をめぐっては、次のような例にも気をつけたい。

（二一五）　恋しくは（恋之久者）形見にせよと我が背子が植ゑし秋萩花咲きにけり（『万葉集』⑩二一一九）

この「恋しくは」も、「恋しかったら」という順接仮定条件と捉えられるが、これを連用形に係助詞「は」が付いたものとして、形容詞の順接仮定表現は動詞のような「未然形＋ば」でなく、「連用形＋は」が担うとする見方と、「恋しく」を未然形と見て、動詞の順接仮定条件の表現と同じく、これに接続助詞「ば」が付いたとする見方がある。この問題は、助動詞の「ず」や「べし」による「ずは」「べくは」などにも存するが、後者の見方を採用する場合、「恋しく」などの形に続く「は」には、（二一三）の「婆」のような、濁音表示専用の万葉仮名が用いられた例がない点が、気にかかる。一方、前者の立場では、「は」「ば」と「こそ」の相互承接において、係助詞「は」は「こそは」、接続助詞「ば」は「ばこそ」になるという事実から、（二一六）のような「はこそ」に関する納得できる説明が、必要になろう。小田勝（二〇一五）は、「なくはこそ」の「は」を接続助詞「ば」の清音化したものとする見方を示し、この「なく」を未然形としている。

（二一六）　天地の神の理なくはこそ（無者社）我が思ふ君に逢はず死にせめ（『万葉集』④六〇五）

ところで、奈良時代の形容詞に見られる語尾「け」には、少数ながら左のような例も存する。

（二一七）　あしひきの山来隔《きへな》りて遠けども（等保家騰母）心し行けば夢に見えけり（『万葉集』⑰

三九八一）「ども」が付いて逆接の確定条件を表している点から判断して、已然形としての「け」であろうが、数は少なく、動詞の已然形のように接続助詞「ば」などを伴わずに条件表現を構成する例や、係助詞の「か」「こそ」などが直接する例も見あたらない。未然形と同形であるため、仮定条件か確定条件かが明瞭でないケースも生じうる。山口佳紀（一九八六）は、「〜けば」について詳細に検討する中で、先の（二三）について、「「恋しけば形見にせむ」と思ったのは、歌の作者であるから、「恋し」を仮定条件でいうまでもなく、事実恋しいとして、確定条件を用いたと考えることが可能である」（二九六頁）としている。

表5・3の「けれ」「しけれ」の形ならば、已然形として確定条件を示すことが明らかであるが、奈良時代の例はわずかである。係助詞「こそ」の結びも、形容詞の場合は連体形が使用されている。形容詞型の活用をする助動詞についても、同様である。動詞や動詞型活用の助動詞では、すでに「こそ」の結びに已然形が用いられており、形容詞や形容詞型活用の助動詞のそれは成立が遅れ、まだ確立しきれていなかったために、同じく強調を行う係助詞「ぞ」「なむ」の結びである連体形が選択されたと見るのが、妥当であろう。

（二八）若ければ（和可家礼婆）道行き知らじ賂《まひ》はせむしたへの使ひ負ひて通らせ（『万葉集』⑤九〇五）

（二九）難波人葦火焚く屋の煤《す》してあれど己が妻こそ（許曽）常めづらしき（目頬次吉）（『万葉集』⑪二六五一）

（三〇）玉くしろまき寝る妹もあらばこそ（許増）夜の長けくも嬉しかるべき（倍吉）（『万葉集』⑫二八六五）

以上に述べてきたのは、いわゆる「本活用」の活用形をめぐる事項であった。本活用に対して、「から」「かり」など、表5・3のク活用・シク活用それぞれの左側の活用は、「補助活用」「カリ活用」と称される。形容詞は本来、助動詞を後接させる機能を備えておらず、本活用の連用形「高く」に「き」や「けり」を続けたり、連体形「高き」に「べし」を続けたりすることはできない。助動詞を付す場合は、形式動詞「あり」を介在させる方法が採られた。（三二）は同じく「あり」を介して、「ば」に続けた例である。

（三一）　赤玉は緒さへ光れど白玉の君が装《よそひ》し貴くありけり（多布斗久阿理祁理）（『古事記』歌謡七）

（三二）　……近くあらば（知加久安良婆）今二日だみ遠くあらば（等保久安良婆）七月のをちは過ぎめやも……（『万葉集』⑰四〇一一）

前接する活用形とこの「あり」が融合して、補助活用の「から」「かり」等が生じるのであるが、平城遷都の時期からの、いわゆる『万葉集』第三期以降になると、融合形も出現する。

（三三）　堀江より水脈《みを》さかのぼる梶の音の間なくそ奈良は恋しかりける（古非之可利家留）（『万葉集』⑳四四六一）

（二）　形容詞の語幹用法

奈良時代の形容詞にめだつのが、語幹を用いた表現である。例えば（三四）は、「繁し」の語幹「繁」がそのまま名詞になっている。「白」「黒」「青」「赤」といった色名も、「白し」などの語幹の名詞化と考えられる。（三五）（三六）では、連体形を用いた「青き山」「賢しき女」「麗しき女」などと同様の修飾表現が、語幹によって行われており、（三七）では連用形「高く」が担う修飾表現が、やはり語幹「高」によって成立している。（三八）は平安時代にも見られる用法で、感動詞「あな」と共起した感嘆文である。

（三四）　夏山の木末《こぬれ》の繁《しげ》（繁）にほととぎす鳴きとよむなる声の遙けさ（『万葉集』⑧一四九四）

（三五）　……青山（阿遠夜麻）に鵼《ぬえ》は鳴きぬ……（『古事記』歌謡二）

（三六）　……賢《さか》し女（佐加志売）をありと聞かして麗《くは》し女（久波志売）をありと聞こして……（『古事記』歌謡二）

（三七）　高光る（多迦比迦流）日の御子　諾《うべ》しこそ問ひたまへ……（『古事記』歌謡七二）

（三八）　あな醜《みにく》（痛醜）賢しらをすと酒飲まぬ人をよく見ば猿にかも似る（『万葉集』③三四四）

（三六）の「賢し女」「麗し女」などは、シク活用形容詞の語幹を「し」を含んだ形で認めることの妥当性を、示唆していよう。「あな」を伴う感嘆文の場合も、シク活用では「し」を含む形が用いられている。

（三九）草香江の入江にあさる葦鶴のあなたづたづし（痛多豆多頭思）友なしにして（『万葉集』④五七五）

㈢ ミ語法

形容詞の語幹には、接尾語「み」が付加した形も認められる。多くは「体言＋（を＋）形容詞語幹＋み」という構成で、「……が……ので」といった意を表し、「ミ語法」と称されることも多い。

（四〇）大匠《おほたくみ》劣《をぢな》み（袁遅那美）こそ隅傾けれ（『古事記』歌謡一〇六）

（四一）草枕旅を苦しみ（乎久流之美）恋ひ居《を》れば可也の山辺にさ雄鹿鳴くも（『万葉集』⑮三六七四）

（四〇）は「大工の棟梁が下手だからこそ、御殿の隅が傾いているのだ」の意、（四一）は「旅が苦しいので、故郷を恋しく思って旅の地にいると」の意で、どちらも「体言＋（を＋）形容詞語幹＋み」の部分が原因や理由を述べている。また、シク活用形容詞のミ語法は、（四一）の「苦しみ」のように「し」に「み」が付いているが、これも「し」までを語幹と認める根拠となろう。

ミ語法には、（四二）のように「〜み」と後件を並置する例や、（四三）（四四）のように後続の「思ふ」「す」の内容を示す例などもあり、その用法は幅広い。

（四二）……天離る鄙にしあれば　山高み（高美）川とほしろし……（『万葉集』⑰四〇一一）

（四三）我妹子を相知らしめし人をこそ恋の増されば恨めしみ思へ（恨三念）（『万葉集』④四九四）

（四四）玉桙の道の神たち賂はせむ我が思ふ君をなつかしみせよ（奈都可之美勢余）（『万葉集』⑰四〇〇九）

ミ語法に現れる「を」については、格助詞とする説や間投助詞とする説があるが、近藤泰弘（一九八〇）は奈良時代の「を」を詳細に検討し、「格助詞＋を」の欠如や「を＋係助詞」の存在などといったミ語法の「を」の承接上の特徴が、格助詞「を」のそれと一致することから、格助詞と判定している。そうだとすれば、ミ語法は「体言＋を」を格成分としてとる他動性の表現と考えることができる。

三．助　動　詞

本節では奈良時代の助動詞について、平安時代と相違するところを中心に述べていく。

（一）　受身・可能・自発の助動詞

平安時代には、受身・自発・可能の意を表し、尊敬表現にも用いられる助動詞として、「る」「らる」がある。どちらも下二段型の活用で、四段・ナ変・ラ変の動詞には「る」が、それ以外の活用の動詞には「らる」が付くなど、前接動詞の活用の種類によって使い分けられていた。一方、奈良時代の受身・自発・可能にあずかる助動詞を調査すると、「る」は既に認められるものの、「らる」はまだ例がなく、平安時代の「る」「らる」にあたる助動詞としては、「ゆ」と「らゆ」が多く用いられている。ちなみに、奈良時代の「ゆ」「らゆ」および「る」には尊敬の意を表す例が見出しがたく、この用法は遅れて成立したものと考えられる。

（四五）　しくしくに思はず人はあるらめどしましくも我は忘らえぬ（枝沼）かも（『万葉集』⑬三二五六）

（四六）　……か行けば人に厭はえ（延）かく行けば人に憎まえ（延）……（『万葉集』⑤八〇四）

（四七）　瓜食《は》めば子ども思ほゆ（意母保由）栗食めばまして偲はゆ（由）……（『万葉集』⑤八〇二）

（四八）　妹を思ひ眠《い》の寝らえぬ（良延奴）に暁の朝霧隠り雁がねそ鳴く（『万葉集』⑮三六六五）

（四九）　しきたへの枕動きて寝《い》ねらえず（宿不所寝）物思ふ今夜はやも明けぬかも（『万葉集』⑪二五九三）

右の（四五）は「ゆ」の未然形「え」で可能表現、（四六）は二例とも受身の意の「ゆ」の連用形「え」、（四七）の「偲はゆ」は、「自然に恋しく思われる」といった意で、自発の「ゆ」である。（四八）の「寝らえぬ」は、「らゆ」を使用した可能表現である。「ゆ」に比べて

「らゆ」は例が少なく、『万葉集』では「眠の寝らえぬ」という形が八例、（四九）のように「の」がない「眠寝らえなくに」「寝ねらえず」が合わせて三例に留まるが、全て「らゆ」に否定の助動詞「ず」が付き、不可能の意を表している。「ゆ」「る」の場合も含め、奈良時代の可能表現のほとんどは、実際には否定を伴って不可能表現になっているのである。

（五〇）我が妻はいたく恋ひらし飲む水に影さへ見えてよに忘られず（和須良礼受）（『万葉集』⑳四三二二）

先の（四五）の「忘らえぬ」も、「ゆ」に否定の「ず」が付加しているし、右の（五〇）の「忘られず」も、「る＋ず」という連接である。この特徴は平安時代の「る」「らる」にも認められており、「ゆ」「らゆ」「る」「らる」による可能表現は、先行する不可能表現から成ったと見ることができる。なお、自然にそう思える意を表す「思ほゆ」（前掲（四七）にも見られる）や、自然に耳に入る意を表す「聞こゆ」といった動詞も、「思ふ」「聞く」に「ゆ」が後接した「思はゆ」「聞かゆ」が変化したものと考えられる。

（五一）石走《いは》る滝もとどろに鳴く蟬の声をし聞けば都し思ほゆ（於毛保由）（『万葉集』⑮三六一七）

（五二）滋賀の浦にいざりする海人《あま》明け来れば浦回《うらみ》漕ぐ楫の音聞こゆ（伎許由）（『万葉集』⑮三六六四）

「ゆ」を含んで一語動詞化した例の存在は、「ゆ」が早くから用いられていたことを示しており、可能表現の例しか認められない「らゆ」とは、成立時期にある程度開きがあったことをうかがわせる。「ゆ」「らゆ」とも、平安時代には「る」「らる」と交替し、「いはゆる」「あらゆる」など、特定の語に化石的に含まれるのみとなった。

（二）使役の助動詞

古典語の使役の助動詞には、「す」「さす」「しむ」がある。「す」「さす」には、「る」「らる」同様、「す」が四段・ナ変・ラ変の動詞に、「さす」がそれ以外の活用の動詞に付くという分担が認められる。奈良時代には「さす」の例は見出せず、「す」の存在にも疑念が残る。

（五三）二上の山に隠れるほととぎす今も鳴かぬか君

に聞かせ（伎可勢）む（『万葉集』⑱四〇六七）

（五四）つともがと乞はば取らせ（令取）む貝拾ふ我を濡らすな沖つ白波（『万葉集』⑰一一九六）

（五五）帰るさに妹に見せ（見勢）むにわたつみの沖つ白玉拾ひて行かな（『万葉集』⑮三六一四）

（五三）や（五四）は一語の動詞とされやすいが、「聞く」「取る」に使役を表す「す」が付いた例と捉えることも十分可能だろう。（五四）の「取らす」に漢字「令」が当てられている点など、この「す」に使役に通じる性質を認めることの証左ともなる。（五五）の場合は、上一段動詞「見る」の使役表現ならば「さす」が後接して「見させ」となるはずで、他動詞「見す」の連用形と解される。ただ、「さす」がまだ成立していない段階では、上一段動詞にも「す」が使用されたと仮定すれば、もともと「見す」は「見る」の未然形に使役の「す」が付いたものとも捉えられるが、その場合、早い時期の「す」の接続は次代と異なることになる。内容的にも、見るようにはたらきかけた結果として妹が見るといった、間接的な関与ではなく、主体が直接妹に白玉を見せるわけで、現代語で言えば使役の「見させる」よりも、他動詞の「見せる」に該当する。このように考えてくると、「さす」の不在に対応して、「す」も接続や意味の面において、平安時代と同様の助動詞として機能していたかは、不明瞭である。

奈良時代に使役の助動詞として確立していたのは、下二段活用の「しむ」である。

（五六）……上つ瀬の鮎を食はしめ（令）下つ瀬の鮎を食はしめ（令咋）……（『万葉集』⑬三三三〇）

（五七）……なでしこが花の盛りに相見しめ（之米）とそ（『万葉集』⑰四〇〇八）

（五七）は「お互いに相手を見させて下さい」といった内容を命令形で表現しているが、ここでは「しめ」となっており、本来「よ」が必須ではなかったことを示している。「しむ」は、平安時代になると和文からは姿を消し、漢文訓読文での使用に偏ることになる。

（三）否定の助動詞

否定の意を表す助動詞「ず」は、奈良時代から用いられている。未然形・連用形・終止形に「ず」の形をもつが、連体形「ぬ」・已然形「ね」と、ナ行で語形変化をする系統の活用も有しており、平安時代以降は慣用的表現の中にしか見られなくなる、「に」という連用形も認められる。

（五八）……言はむすべせむすべ知らに（尒）……
（『万葉集』⑤七九四）

連用形「ず」の方には、「ずき」「ずけり」「ずけむ」といった形が見られる。

（五九）ぬばたまの夢にはもとな相見れど直にあらねば恋止まずけり（受家里）（『万葉集』⑰三九八〇）

「あり」を融合させた「ざり」「ざる」などの活用系統が確立しきれていなかったからともいわれるが、形容詞の補助活用と異なり、「あり」を介さなくとも、「ず」に「き」「けり」などの助動詞が付加できていたわけで、この見方には疑問も残る。あるいは、「あり」に通じる状態動詞的な性質が「ず」にあり、それゆえ「き」「けり」などが後接できたものの、やはり不安定だったため、「あり」の介在が要請されたのであろうか。白藤禮幸（一九八七）はこの現象について、「上代人にとって、連用形「ず」は充分に動詞的であったことを示している」（一六九頁）と述べている。左に、「ず」に「あり」の未然形が付いた例と、それが融合した未然形「ざら」の例をあげておく。

（六〇）天の川夜舟を漕ぎて明けぬとも逢はむと思ふ夜袖交えずあら（受将有）む（『万葉集』⑩二〇二〇）

（六一）荒津の海潮干潮満ち時はあれどいづれの時か我が恋ひざら（射良）む（『万葉集』⑰三八九一）

「ず」系統の活用には、形容詞の「くは」の識別と同じ問題も、「ずは」をめぐって生じている。

（六二）かくばかり恋ひつつあらずは（不有者）高山の岩根しまきて死なましものを（『万葉集』②八六）

（六三）衣手にあらしの吹きて寒き夜を君来まさずは（不来者）一人かも寝む（『万葉集』⑬三二八

二）

（六二）は奈良時代の語法で、「ず」の連用形に係助詞「は」が付き、望ましくない事柄を「…しないで」と示すものであるが、（六三）は仮定条件を表しており、「ず」の連用形に係助詞「は」が付いたとする説と、「ず」の未然形に接続助詞「は」が付いたとする説がある。後者の立場では、未然形の「ず」が認められることになる。

（四）過去の助動詞

過去の意を表す助動詞には、平安時代にも用いられる「き」と「けり」がある。ともに活用語の連用形に接続するが、「き」は未然形「せ」・終止形「き」・連体形「し」・已然形「しか」と、カ行・サ行にまたがった変則的な活用を行っている。「せ」は、（六四）のように接続助詞「ば」が付いた「せば」の形で用いられ、未然形接続の助動詞が後接した例はない。推量の助動詞「まし」と呼応し、ほとんどが反実仮想の表現となる。ほかに、奈良時代に見られる（六五）の「け」も、「き」の古い未然形とされる。

（六四）妹が家道近くありせば（世婆）見れど飽かぬ麻里布の浦を見せましものを（『万葉集』⑮三六三五）

（六五）……根白の白腕《しろただむき》枕《ま》かずけ（祁）ばこそ知らずとも言はめ（『古事記』歌謡六一）

「けり」の活用は、終止形「けり」・連体形「ける」・已然形「けれ」があり、ラ変型といえる。奈良時代には未然形「けら」の例もあるが、「けらず」は平安時代には見られず、「ざりけり」という承接が一般的である。

（六六）梅の花咲きたる園の青柳は蘰にすべくなりにけら（家良）ずや（『万葉集』⑤八一七）

文法的なはたらきとしては、「き」「けり」とも、その事柄が発話時より前にあったことの表現を担う、つまりテンスに関わる助動詞と見られるが、「けり」については、「気づき」と呼ばれる、その時点で初めて気づいたことを表す用法も認められ、簡単にテンス表示形式とはいいがたい。小田勝（二〇一五）は、（六七）の最初の「けり」を「過去に起こって現在まで持続している、または結果の及んでいる事態を表す」（一五二ページ）例、二つ目の「けり」を「発話者がその事態の真実性に関与していない過去の事態を表す」（同ページ）例、最後の「けり」を「気づかなかった事態に気づいたという認識の獲得を表す」（同ページ）例と整理し、それぞれ「継承相」「伝承相」「確認相」と名づけている。最初の二つの「けり」はテンスに関わるものであるが、歌末の「けり」は表現主体の認識に関わるもので、テンス形式として括るにはやはり異質な面があろう。

（六七）　常磐なす岩屋は今もありけれ（家礼）ど住みける（家留）人そ常なかりける（家留）（『万葉集』③三〇八）

とはいえ、「継承相」が表す、現在まで持続している、結果の及んでいる事態を、その時点で初めて認識したこととして示すのが「気づき」であり、「確認相」の用法だと考えれば、これらは「けり」という助動詞のうちで繋がっていると捉えうる。「伝承相」は、現在まで結果が及んでいるといった部分を問題にせずに、過去に起こった事態を表示する点で、「けり」の用法の中では、特定の色合いを帯びないテンス形式として位置づけられそうで、それゆえ「き」との相違も問題になりやすい。「き」は、「伝承相」の「けり」が「その事態の真実性に関与していない過去の事態を表す」ことから、「発話者が真実性に関与している過去の事態を表す」（小田勝（二〇一五）一五〇ページ）という役割分担になるが、過去にあった事実を過去のこととして表す、あくまでもテンス表示の助動詞と把握してよいのではないだろうか。

（五）　完了・存続の助動詞

「き」「けり」と同様、時間の表現に関与する助動詞に「つ」「ぬ」「たり」「り」がある。「き」「けり」が過去を表すものとされるのに対し、これらは「完了」や「存続」といった術語で説明されることが一般的である。「つ」や「ぬ」は、過去であることの表示といった、当該事態を発話時を基準とした時間軸上に位置づけるものではなく、その前接動詞によって述べられる動作について、開始段階や進行段階、終了段階等のどの局面にあるかの表示にあずかるものと考えられ、言語学の術語を用いれば、テンスではなくアスペクトの助動詞といえよう。「り」「たり」も同様に、テンス形式ではないが、こちらはまず「存続」と説明されることが多く、アスペクトに関わる助動詞であっても、「つ」「ぬ」とはまた異なった機能をもつと見られる。

a.「つ」「ぬ」

「つ」「ぬ」ともに、特に奈良時代独特のはたらきは認められない。「つ」と「ぬ」の相違をめぐる研究は数多くあり、その重要な手がかりとして前接動詞の分析が盛んに行われてきたが、(2) 前接語の特徴も、『万葉集』の「つ」「ぬ」と次代の『源氏物語』などの「つ」「ぬ」に、めだつ違いはない。すなわち、「つ」の前接動詞には他動詞、意志的・動作的・作為的動詞、主体動作動詞が多く、「ぬ」の前接動詞には自動詞、無意志的・状態的・自然推移的動詞、主体変化動詞が多いといった偏りは、『万葉集』の「つ」「ぬ」にも当てはまる。

(六八) 照る月を闇に見なして泣く涙衣濡らしつ(津)乾す人なしに(『万葉集』④六九〇)

(六九) 我がやどの一群《ひとむら》萩を思ふ児に見せずほとほと散らしつる(令散都類)かも(『万葉集』⑧一五六五)

(七〇) 松浦川川の瀬光り鮎釣ると立たせる妹が裳の裾濡れぬ(奴)(『万葉集』⑤八五五)

(七一) なでしこは咲きて散りぬ(落去)と人は言へど我が標《し》めし野の花にあらめやも(『万葉集』⑧一五一〇)

現代語のアスペクト研究による主体動作・主体変化といった観点に立った動詞の分類から、右の「つ」「ぬ」を考えれば、(六八)(六九)は、動作の主体はあくまでも「濡らす」「散らす」などの行為をしていて、「つ」がその完了の局面を焦点化しているが、(七〇)(七一)は、動詞の表す事態により、主体に「乾いた状態から濡れた状態へ」「咲いた状態から散った状態へ」といった変化が生じている。「ぬ」は、そのような主体の変化が生じる局面を捉えていると言えよう。

b.「り」「たり」

「り」「たり」は、基本的に奈良時代・平安時代を通じて、動作や変化が成立・完了し、その結果の状態が継続して存在していることを表す助動詞だと考えられる。

(七二) 海人《あま》小舟帆かも張れるとみるまでに鞆《とも》の浦回《うらみ》に波立てり(立有)見ゆ(『万葉集』⑦一一八二)

(七三) 我がやどの梅咲きたり(咲有)と告げ遣らば来《こ》といふに似たり(似有)散りぬともよし

（『万葉集』⑥一〇一一）

（七二）は、波が起こり、その波立った状態が存続していることを表している。（七三）の「咲きたり」も、つぼみだった梅が開花するという変化の局面に焦点を当てているのではなく（その場合は「ぬ」が用いられ「咲きぬ」となろう）、梅の花の開いた状態がそこに存在していることに、焦点を当てていると思われる。[3] 同じ歌の「似たり」は、現代語の「似ている」同様、動作や変化の結果の状態というよりも、形容詞による属性表現に似た、単なる状態の表現になっている。

一方、次のような例は主体の変化を表す動詞とは言えず、変化後の状態の存続を表すと見ることはむずかしい。この「得たり」は「得」という行為が完了し、結果として当該事態が存在することを表しているのであろう。

（七四）我はもや安見児得たり（得有）皆人の得かてにすといふ安見児得たり（衣多利）（『万葉集』②九五）

「り」「たり」が以上のようなはたらきをするのは、もともと「り」が「動詞連用形＋あり」から、「たり」が「動詞連用形＋て＋あり」からと、いずれも「あり」を構成要素として生じた助動詞だからだと考えられる。奈良時代以前の日本語では、「わが（我が）＋いも（妹）」（wagaimo）のaとiのように母音が連続する際に、母音をひとつ脱落させて「わぎも」の形にするなど、母音の連接を回避する性質が強かった。「動詞連用形＋あり」の場合も、連用形末尾のiと「あり」のaが連続して、「咲きあり」（sakiari）などとなるため、その回避が図られる。iとaの連続ではそれがeに転じ、sakiari→sakeriとなることで二重母音が避けられた。[4] このプロセスを経て生じた「咲けり」「散れり」「詠めり」「書けり」等々について、動詞として「咲け」や「散れ」の部分が取り出されると、残る要素として「り」も認識されていったであろう。「たり」も同様で、「動詞連用形＋て＋あり」のteariのeとaの連続を避けるためにeが脱落した結果、析出されたものである。

（六）推量の助動詞

奈良時代の推量の助動詞は、「む」「らむ」「けむ」「じ」「まし」「まじ」「べし」「らし」「なり（終止形接続）」「めり」「けらし」と多い。ほとんどはその機能を変化させずに、平安時代にも使用されているが、「まし」「じ」「らし」「けらし」などは衰退に向かった。

a.「む」「らむ」「けむ」「じ」「まし」

「む」「らむ」「けむ」は、いずれも終止形・連体形・已然形の三つの活用形しかもたず、助動詞の相互承接上、最後部に位置し、推量の意を表す助動詞であるが、「らむ」は現在の事態の推量、「けむ」は過去の事態の推量にあずかるもので、「む」は過去や現在、あるいは未来といった「時」に関わりなく、広く非現実の事態の推量にあずかるものと考えられる。

（七五）あしひきの山谷越えて野づかさに今は鳴くらむ（良武）うぐひすの声（『万葉集』⑰三九一五）

（七六）妹らがり今木の嶺に茂り立つ夫松《つま》の木は古人見けむ（祁牟）（『万葉集』⑨一七九五）

（七七）……時も過ぎ月も経ぬれば　今日か来む（牟）明日かも来む（武）と……（『万葉集』⑮三六八八）

「む」には次の（七八）のように意志を表す例や、（七九）のように勧誘・勧奨の意を表す例など、種々の用法があるが、共通するのは、山田孝雄（一九〇八）が「非現実性の思想を表わす」（四五三頁）と述べた、事態を仮のこととして示すはたらきであろう。（七八）のように、動作主が表現主体自身（一人称主語）で、非現実のこととして述べられる事態が、表現主体が実現を望ましく思う意図的な動作であれば、文末の「む」は「意志」の意に傾くわけで、事態を仮のこととして描く「む」に、主語の人称や動作の性質などが絡んで、種々の意が具体化するのだと思われる。（八〇）に示した連体修飾用法は、「婉曲」と説明されることも少なくないが、事態を仮のこととして表示するはたらきが、文末の「む」のように事態に対する表現主体の判断や述べ方と重なることなく、そのまま発現しているものと解せよう。

（七八）熟田津に舟乗りせむ（武）と月待てば潮もかなひぬ今は漕ぎ出でな（『万葉集』①八）

（七九）いざ子ども香椎の潟に白妙の袖さへ濡れて朝菜摘みてむ（六）（『万葉集』⑥九五七）

（八〇）白妙の君が下紐我さへに今日結びてな逢はむ日（将相）のため（『万葉集』⑫三一八一）

「じ」は、当該事態の否定を仮のこととして示すもので、その用法は「打ち消し推量」「打ち消し意志」などとも称される。「む」の否定にあたる助動詞と捉えてよいが、連体修飾の例が稀である点は「む」と異なるし、「む」には珍しくない係り結び構文の結びも、確例が見出しがたい。

（八一）　いくばくも生けらじ命（不生有）を恋ひつつぞ我は息づく人に知らえず（『万葉集』⑫二九〇五）

「まし」は、現実と相違する状況・事態を仮想して、その状況下で起こると推量される事柄を示す助動詞であるが、平安時代に未然形と已然形に見られる「ましか」は、この期にはまだ用いられていない。未然形は「ませ」で、平安時代の定型的表現「ましかば〜まし」も、奈良時代は「ませば〜まし」である。

（八二）　草枕旅行く君と知らませば（麻世婆）岸の埴生ににほはさまし（麻思）を（『万葉集』①六九）

b.「なり（終止形接続）」「めり」

終止形に付く「なり」や「めり」は、何らかの根拠に基づいて推し量る意を表し、証拠性が問題にならない「推量」と区別して「推定」の助動詞などと呼ばれることも多い。「なり」は、音や声といった聴覚情報に基づく判断を表し、奈良時代の例の多くが「音す」「とよむ」「鳴く」「騒く」など、音や声に関わる動詞に付加している。（八三）はそのような例で、「千鳥が鳴くのが聞こえる」と、聴覚によって捉えた事柄を述べている。（八四）の「越え来なる」「過ぐなり」も、「越え来」「過ぐ」自体は音響に関係する語とはいいがたいが、一首を読めば、雁の鳴き声を聞いて「越えて来るらしい」「通過していくらしい」と推定していることが理解できる。上の句の「越え来なる」については、日本古典文学大系（岩波書店）の『万葉集』では「越えて来るという」という、伝聞の意に解した訳をまず示しているが、この「〜と聞いている」という伝聞の用法も、聴覚に基づく判断からの展開と捉えられる。

（八三）　我が背子が古家の里の明日香には千鳥鳴くなり（鳴成）妻待ちかねて（『万葉集』③二六八）

（八四）　春草を馬咋山ゆ越え来《く》なる（奈流）雁の使ひ

は宿り過ぐなり（奈利）（『万葉集』⑨一七〇八）

「めり」は、聴覚の「なり」に対して視覚に基づく推定の意を担った助動詞であるが、奈良時代には次の一例しか見られない。

（八五）乎《を》久《く》佐《さ》乎《を》と乎《を》具《ぐ》佐《さ》受《ず》家《け》乎《を》と潮舟の並べて見れば乎具佐勝ちめり（可知馬利）（『万葉集』⑭三四五〇）

東歌の例ゆえ方言による接続の違いも考えられるものの、連用形「勝ち」に付いている点、やや不審である。

「なり」と比べて「めり」の出現が遅かったことには、「見ゆ」が関わっていた可能性がある。「見ゆ」は現代語の「見える」に至る動詞であるが、奈良時代には（八六）のように、明らかに活用語の終止形に接続している例がある。

（八六）久方の月は照りたり暇なく海人《あま》のいざりは燈し合へり見ゆ（里見由）（『万葉集』⑮三六七二）

連体形による準体言の主語とそれを受ける述語の、「燈し合へる見ゆ」といった構文ならば問題ないが、動詞は活用語の終止形には付かない。井出至（一九八一）は、終止形に接続する「みゆ」を、「視覚的に捉えられる事態について断定を婉曲に表現する助動詞」（八頁）と捉えている。「みゆ」が助動詞であれば、終止形に付くという疑問は解消する。その場合、視覚に基づく判断を行う助動詞としてまず「みゆ」があり、「めり」は「みゆ」に遅れて生じたために、早い時代の例が少ないということも、十分考えられよう。

c. 「らし」「けらし」「べし」「まじ」

「らし」「けらし」「べし」「まじ」も、確かな根拠に基づく判断を表す助動詞であるが、「べし」以外は、この期を過ぎると衰えてしまう。

「らし」は、奈良時代には活発に用いられているものの、平安時代には和歌に残る程度となる。左にあげた終止形のほか、連体形の「らしき」が「こそ」の結びに認められる。

（八七）さ雄鹿の妻問ふ時に月を良み雁が音聞こゆ今し来らしも（等霜）（『万葉集』⑩二一三一）

（八八）……白たへの袖振る見えつ相思ふらしも（羅霜）（『万葉集』⑬三二四三）

（八七）は聴覚に基づく推定、（八八）は視覚に基づく推定の例であるが、このように「なり」や「めり」の機能と重なる部分があり、聴覚に基づく情報・視覚に基づく情報に分かれて対応するこれらの助動詞との交替が進んだのかもしれない。

「けらし」は「らし」と同じく確かな根拠に基づき、そこから過去の事態に関する推定を行う助動詞である。

（八九）こもりくの泊瀬《はつせ》の山は色づきぬ時雨の雨は降りにけらしも（家良思母）（『万葉集』⑧一五九三）

「らし」同様、終止形「らし」のほかに係助詞「こそ」に応じる結びとして「けらしき」がわずかばかり見られる。奈良時代の「こそ」の係り結びでは、結びが形容詞の場合に連体形になっていることを思うと、「らし」「けらし」は、形容詞型の活用に向かう途上だったのかもしれない。掲出した三例のように、終助詞「も」が付加する例がめだつのも、形容詞に通じる特徴である。

「べし」は、古語辞典では「推量」「意志」「当然」「勧誘」「可能」など、「む」に似ていくつもの意味が立項されている助動詞であるが、明らかな根拠に基づく、確信の度合いの高い推定を表すのが基本のはたらきだと考えられる。それが、文脈などの条件によって、先にあげた種々の意味に展開すると見られるが、「む」と大きく異なるのは、「べし」が、連用形「べく」・終止形「べし」・連体形「べき」のほか、「べから」「べかる」といった活用形も有する、形容詞型活用の助動詞だということである。形容詞型活用に向かう徴候めいた形を示しながらも、ほぼ語形変化のなかった「らし」に比べ、「べし」は補助活用も備え、形容詞型の各活用形を有する。

（九〇）雷の光の如きこれの身は死にの大王《おほきみ》常に偶《たぐ》へり畏《お》づべから（閇可良）ずや（『仏足石歌』二〇）

（九一）世間《よのなか》の遊びの道にすずしきは酔《ゑ》ひ泣きするにあるべかる（可有）らし（『万葉集』③三四七）

（九二）かくばかり恋ひむとかねて知らませば妹をば見ずそあるべくあり（倍久安里）ける（『万

葉集』⑮三七三九）
（九〇）は「べから」、（九一）は「べかる」の例で、（九二）は連用形「べく」であるが、「あり」に続いており、「べかり」に至る前段階の形と言える。「あり」を介したこれらの例には、「ず」「らし」「けり」などの助動詞が後接するが、「む」や「らむ」「けむ」の場合、このように他の助動詞が後接して、最終的にその文が過去・完了を表して閉じられたり、否定で閉じられたりはしない。「べし」は、推量表現に関与する助動詞の中でも、表現主体の主体的な判断を表す性質が弱く、形容詞的にその対象の状態を叙述するような、客観的な面をもつのであろう。此島正年（一九七三）は「べし」について、「推量とは言っても、本質的にはむしろ客観的・状態的に表現する度に勝っている」（三三二頁）とし、「事の現然・未然を含めて「……する様だ・しそうだ」と客観的・状態的に推量するのが、たぶん「べし」の本義だろう」（三三三頁）と説いているが、重視すべき見解かと思う。

　先にふれた「む」と「じ」との関係と同じく、この「べし」の否定といった位置にある助動詞が、「ましじ」であるが、その使用状況は「べし」に比べてかなり限定的で、終止形「ましじ」・連体形「ましじき」のみ認められ、前接語は可能の意を表す補助動詞「かつ」や自発の意を表す「ゆ」に大きく偏っている。平安時代には「まじ」と入れ替わる形で、「ましじ」は衰退する。

（九三）　玉くしげみもろの山のさな葛さ寝ずはつひにありかつましじ（勝麻之自）（『万葉集』②九四）

（九四）　堀江越え遠き里まで送り来る君が心は忘らゆましじ（由麻之自）（『万葉集』⑳四四八二）

（七）その他

前項までに扱ってこなかったいくつかの助動詞について、ここで簡単にふれておこう。

　体言や活用語の連体形に付き、断定の意を表すとされる「なり」は、「AはBだ」にあたる「AはBなり」型の名詞述語文を構成する助動詞で、終助詞「そ」（「ぞ」）による「Bそ」に代わる指定表現として定着していった。場所を明示する格助詞「に」に動詞「あり」が付いた「にあり」から変化したもので、（九五）のように、ある場所に存在することも表す。（九六）にあげた「にあり」

も、奈良時代には「にあら」「にある」「にあれ」なども含め、用例は豊富である。

（九五）　……家なら（那良）ばかたちはあらむを……（『万葉集』⑤七九四）

（九六）　おほろかに我し思はば人妻にあり（尓有）といふ妹に恋ひつつあらめや（『万葉集』⑫二九〇九）

（九七）　梅の花何時《いつ》は折らじと厭《いと》はねど咲きの盛りは惜しきものなり（奈利）（『万葉集』⑰三九〇四）

ほかに、奈良時代にのみ見られる助動詞に、動作・作用が継続することや、反復することを表す「ふ」や、事態の実現を願望する意を表し、平安時代には「まほし」となる「まくほし」があるが、「ふ」は接尾語とする説もあるし、「まくほし」は、（九八）のような「の」の介在例から、「〜まく」と「ほし」がまだ一体化しておらず、一語の助動詞ではないとする説もある。

（九八）　なでしこが花取り持ちてうつらうつら見まくのほしき（美麻久能富之伎）君にもあるかも（『万葉集』⑳四四四九）

四．助　詞

奈良時代の助詞も、平安時代と同じく、格助詞・接続助詞・副助詞・係助詞・終助詞・間投助詞といった六種に整理することができる。以下では、右の分類ごとに、平安時代と異なる点のあるものを、いくつかとりあげておく。

(一)　格　助　詞

格助詞は、文を構成する述語や他の語と、その助詞の付いた語との論理的関係を明示するはたらきを担うもので、平安時代に見られる「が」「の」「に」「を」「へ」「と」「より」「から」「にて」「して」といった助詞は、用例の多寡はあるものの、この期にも認められる。

「が」「の」は主格を表示する機能と、体言と体言を結び付ける連体の機能をもっている。現代語では、「が」は専ら主格を表示し、連体用法は「我が国」「君が代」といった、もはや一語となったものの中に化石的に見られる程度だし、「の」は「私の買った本」「雪の降る町」

といった連体修飾句における主格表示以外は、「彼の傘」「雪の日」のように連体助詞としてはたらくが、古代語では「が」「の」ともに主格を表す助詞としても連体助詞としても用いられている。(5) 主格を表す場合は現代語の「の」に似て、連体句や条件句など従属節中のそれや、係結び構文、係助詞なしの連体形終止文、述語が連用成分を構成する場合などに偏り、「主格体言＋が／の――終止形終止」という構文は見られない。終止形述語の文では、主格に立つ体言は、もともと格表示の助詞なしで文の成分となっていたのである。(6)

（九九）妹が（我）家に雪かも降ると見るまでにここだも紛ふ梅の（能）花かも（『万葉集』⑤八四四）

（一〇〇）ほととぎす間しまし置け汝が（我）鳴けば我が（我）思ふ心いたもすべなし（『万葉集』⑮三七八五）

（一〇一）ここにありて筑紫やいづち白雲の（乃）たなびく山の方にしあるらし（『万葉集』④五七四）

（一〇二）山の峡《かひ》そことも見えず一昨日も昨日も今日も雪の（能）降れれば（『万葉集』⑰三九二四）

（一〇三）楽浪《ささなみ》の志賀さざれ波しくしくに常にと君が（之）思ほせりける（『万葉集』②二〇六）

（一〇四）み空行く月の光にただ一目相見し人の（之）夢にし見ゆる（『万葉集』④七一〇）

動作・行為の対象となる目的格体言の場合も、格助詞が付加しないのが一般的で、特に目的格であることを明示する場合に「を」を付したと見られるし、

（一〇五）現には逢ふよしもなしぬばたまの夜の夢にを（越）継ぎて見えこそ（『万葉集』⑤八〇七）

といった、本節第六項で扱う、格助詞と解せない「を」も少なくない。さらに「へ」の場合は、「行く」「上る」「遣る」といった動詞と関係し、動作の向かう方向を示す例がめだち、こちらに近づく動作との共起例が見出しがたいなど、この期に格助詞として使用されていることは確かでも、やはり平安時代との相違は存する。なお、起点や経由点を表したり、比較の基準を表したりする「より」については、奈良時代には「よ」「ゆ」「ゆり」という形も認められ、「ゆり」「より」から「り」が略さ

れて「ゆ」「よ」となったとする説、「ゆ」「よ」が古形で後に「り」が付加したとする説など、諸説ある。『万葉集』では「ゆ」と「より」がそれぞれ百数十例と多く、「ゆり」は巻二〇の防人歌に二例、「よ」は巻一四の東歌の六例を含めて一七例に留まる。

(二) 接続助詞

接続助詞は句を受けてそれを後続の句に結びつけ、二つの句の関係を表す。奈良時代にはこの役割を担うものとして、「ば」「とも」「ど」「ども」「に」「を」「て」「して」「つつ」「ものを」「ものの」「ものから」「ものゆゑ」「からに」などが認められるが、接続助詞と見てよいか微妙な例があったり、平安時代には認められる用法がまだ見られなかったりなど、いまだ確立の途上にあると考えられるものも存する。

格助詞として成立し、その後接続助詞としての機能も獲得する「が」「と」は、同じプロセスが考えられる「を」や「に」と異なり、この期には接続助詞の例がない。前接の句の内容を否定して後続句に続ける「で」も、奈良時代にはまだ見られず、この意の接続表現には、否定の助動詞「ず」に「て」が付いた「ずて」が用いられている。この「ずて」の縮約形を「で」とする説もある。

(一〇六) 否と言へど強ふる志斐のが強ひ語りこのころ聞かずて（不聞而）朕《あれ》恋ひにけり（『万葉集』③二三六）

また、「ながら」は動詞連用形を受けた例が四例と少なく、逆接の意を表すものはまだ認められない。（一〇七）は動作・状態の持続を表している。

(一〇七) 針袋帯び続けながら（奈我良）里ごとに照らさひ歩けど人も咎めず（『万葉集』⑱四一三〇）

一方、「……するばかりに」といった状態・程度の意を表す「がに」は、奈良時代の接続助詞である。

(一〇八) 道に逢ひて笑まししからに降る雪の消なば消ぬがに（香二）恋ふと言ふ我妹（『万葉集』④六二四）

(三) 副助詞

副助詞は、同類の他の要素の存在を含意しながら、文中のある要素をとりたて、強調・限定等を行う助詞で、この期には、平安時代にも見られる「だに」「すら」「さへ」「のみ」「ばかり」「など」「まで」「し」といった助詞が認められる。このうち「だに」「すら」「さへ」は、いずれも限定に関わるはたらきをもつが、奈良時代には、「すら」は程度の軽い例や極端な例をとりたてて、程度の高い例や一般的な例を想起させるといった類推の意を、「だに」は「せめて……だけでも」といった最小限度の限定を、「さへ」は「……までも」といった添加の意を、主として表している。平安時代には、「すら」は和歌や漢文訓読の文献に見られる程度となり、和文では「だに」が類推の意も表し、広く用いられている。

（一〇九）巌すら（尚）行き通るべきますらをも恋といふことは後の悔あり（『万葉集』⑪二三八六）

（一一〇）言清くいたくもな言ひ一日だに（太尓）君い（伊）しなくは堪《あ》へかたきかも（『万葉集』④五三七）

（一一一）一昨日も昨日も今日も見つれども明日さへ（左倍）見まく欲しき君かも（『万葉集』⑥一〇一四）

なお、「い」は種々の語に付く助詞で、間投助詞ともされるが、（一一〇）の「い＋し」のように、副助詞に前接する例が認められる。承接からは間投助詞とは見なしにくく、副助詞と考えた方がよいかもしれない。

（四）係助詞

古代語に特徴的な構文である係り結びを構成する係助詞は、狭義の係り結びを作らない「は」「も」、連体形の結びをとる「ぞ」「なむ」「や」「か」、已然形の結びをとる「こそ」と、奈良時代にいずれも多くの例が認められる（当時「ぞ」は多く「そ」、「なむ」は「なも」）。このうち、「こそ」の結びとなる已然形は、第一節第三項で述べたとおり、接続助詞の付加なしで確定の条件句を構成できた。その場合、明確な逆接表現の例は認めがたかったが、この条件句中に「こそ」が投入されると、後続句と逆接の関係で結びつく例が多くなる。

（一一二）昨日こそ（社）君はありしか（然）思はぬに浜松の上に雲にたなびく（『万葉集』③四四四）

「こそ――已然形」の係り結びについては、ここから後続句が示されずに「……のに」といった逆接の含みで言いきる表現を経て、単純な強調表現に至る展開が、石田春昭（一九三九）や大野晋（一九九三）によって想定されている。

「なも」は次代には「なむ」の形で用いられ、会話や消息に分布が偏り、心中思惟や和歌にはほとんど例がない。この期の「なも」も『万葉集』には一例のみで、宣命に多用されている。やはり具体的な聞き手の存在を前提とし、聞き手にもちかける性質の強い助詞だったと思われるが、この係り結びも、ク語法で言いきる、聞き手への解説・告知の文に「なも」を投入したことから始まった可能性が考えられる。係り結び構文の成立には、このように文中に助詞が挿入されたことから生じたものと、大野晋（一九九三）による倒置説や野村剛史（一九九五）による二文連置説がある「ぞ」「か」のように、当該助詞が本来文末に位置していて、倒置あるいは連置された二文の一文化などにより、文中に位置する結果となって定まったものの、二つのパターンが考えられよう。

疑問表現を形成する「や」「か」に関しては、「何」「誰」「いつ」等の疑問詞が前にあるときは「か」、疑問詞がないときは「や」を用いるといった、平安時代に認められる使い分けがこの期には確立しておらず、（一一三）のように疑問詞が前に位置しない「か」の例が珍しくない。

（一一三）荒たへの藤江の浦にすずき釣る海人とか（香）見らむ旅行く我を（『万葉集』③二五二）

（一一四）大伴の三津の泊まりに舟泊てて龍田の山をいつか（伊都可）越え行かむ（『万葉集』⑮三七二二）

（五）終　助　詞

終助詞は表現主体の主体的な態度を直接的に表明する助詞で、禁止表現に関わる「な」（禁止）「（な……）そ」、願望表現に関わる「ばや」「なむ」、詠嘆表現に関わる「な」「かも」「も」「ものを」「は」「も」、疑問表現に関わる「や」「か」などが用いられている。平安時代に盛行する詠嘆の「かな」や、「……たい」という表現主体自身の願望を表す「ばや」は、まだ見られない。一方、奈良時代にのみ使用された終助詞には、「ばや」同様に自身の願望を表す「な」や、他者に誂え望む意を表す

「に」「ね」、ある存在・状態を「……があったらなあ」「……であればなあ」と望む意を表す「もが」などがある。「もが」には「も」が後接した「もがも」の形も存するが、この「も」が「な」に代わった「もがな」は、平安時代以降に使用された。

（一一五）八千種に草木を植ゑて時ごとに咲かむ花をし見つつしのはな（奈）（『万葉集』⑳四三一四）

（一一六）難波潟潮干に出でて玉藻刈る海人娘子《をとめ》ども汝が名告《の》らさね（祢）（『万葉集』⑨一七二六）

（一一七）春の花今は盛りににほふらむ折りてかざさむ手力もがも（毛我母）（『万葉集』⑰三九六五）

（六）間投助詞

文中に挿入されたり文の最後尾に置かれたり、文の成立に関与することなく、文節末に自由に用いられる間投助詞としては、奈良時代には「や」「よ」「を」などが存する。現代語では、間投助詞は専ら聞き手にもちかけていく役割を担うが、古代語の場合は詠嘆の意を表すとか、文の調子を調えるといった、特に聞き手に対するもちかけを行うとは解しにくいはたらきのものも多い。

（一一八）天なるや（哉）月日のごとく我が思へる君が日に異《け》に老ゆらく惜しも（『万葉集』⑬三二四六）

（一一九）……さきくさの中にを（乎）寝むと……（『万葉集』⑤九〇四）

五．ク語法

奈良時代には、「ク語法」と呼ばれる、活用語に接尾語「く」が付いて名詞化し、「……すること」といった意を表す語法が存する。この「く」の接続にはさまざまなパターンがあり、四段動詞やラ変動詞では「言はく」「あらく」など、「未然形＋く」の形をとるが、形容詞には「寒けく」のように、古い未然形と思われる「け」に付くし、助動詞の「けり」「り」「む」「ず」などには、やはり古い未然形の可能性がある「けら」などに付いて「けらく」「らく」「まく」「なく」となる。さらに、助動詞「き」には連体形「し」に付いて「しく」となり、二段動詞や助動詞「つ」「ぬ」にはその未然形に、一段動詞にはその終止形に、それぞれ「らく」という形が付く。（一二〇）は四段動詞の例、（一二一）は形容詞の例、（一二二）は二段動詞に「らく」が付いた例である。

（一二〇）あかねさす日は照らせれどぬばたまの夜渡る月の隠らく（隠良久）惜しも（『万葉集』②一六九）

（一二一）大き海の磯本揺すり立つ波の寄せむと思へる浜の清けく（浄奚久）（『万葉集』⑦一二三九）

（一二二）梅柳過ぐらく（過良久）惜しみ佐保の内に遊びしことを宮もとどろに（『万葉集』⑥九四九）

その役割も、右の（一二〇）（一二二）のように、主格その他連用の格成分となったり、次の（一二三）のように引用文の前に位置してこれを導いたり、右の（一二一）のように、体言止めや連体止め同様、ク語法止めで感動表現を形成したり、聞き手への説明や告知の表現として（一二四）のように述語になったりと、さまざまである。

（一二三）……また云はく（久）「今の勅を……」と云ひて、……（『続日本紀宣命』二八詔）

（一二四）……朕《わ》が親《うがら》にあるが故に、黒き白きの御酒賜ひ、御手つ物賜はく（久）と宣りたまふ。（『続日本紀宣命』三九詔）

六．敬　語

最後に、奈良時代の敬語について簡単に述べておく。敬語を整理する際によく行われる、尊敬語・謙譲語・丁寧語という三分類のうち、この期には丁寧語が存在しない。尊敬語は動作や存在、状態、属性等の表現において、その主体、つまり主語を高める敬語であり、謙譲語は動作の対象、受け手といった補語を高める敬語であるが、この二種は早くから認められる。主語や補語といった、文を構成する素材に対する敬語である尊敬語・謙譲語に対して、「です」「ます」のような丁寧語は、文をもちかける聞き手に対する敬語である。これは他の二種の敬語に比べて成立が遅れたようで、平安時代の例が丁寧語の早いものとして引かれることも多い「はべり」は、この期は貴人のそばに控える、伺候する意を表している。

（一一五）……謹み礼《うや》まひ仕へ奉《まつ》りつつ侍り（侍利）。

（『続日本紀宣命』四一詔）

「はべり」は、現代語の「今日はいい天気ですね」が上位者から下位者に対する発話でも使用できるのに対し、そのような例は平安時代に入っても認められないなど、結局現代語の「です」「ます」と同じ丁寧語の性質を備えるまでには至っていない。

また、表現主体が自分自身の行為に尊敬語を用いたり、自分に向けた他者の行為に謙譲語を用いたりする、いわゆる「自敬表現」がめだつのも、奈良時代の敬語の特徴といえる。

（一一六）吾は天照大御神のいろせぞ。故、今天より降り坐し（坐）ぬ。（『古事記』上巻）

このほか、個別の敬語形式では、この期の助動詞として、四段動詞やサ変動詞に付いて尊敬の意を添える、四段活用の「す」が認められる。この「す」は、「思ふ」「聞く」に後接して「思ほす」（後に「思《おぼ》す」）「聞こす」という敬語動詞を作る。「知ろしめす」の「知ろす」も、「知る+す」による「知らす」からの転である。

（一一七）我が背子は仮廬《かりいほ》作らす（作良須）草なくは小松が下の草を刈らさね（苅核）（『万葉集』①一一）

（一一八）我が背子しかく聞こさ（伎許散）ば天地の神を乞ひ禱《の》み長くとぞ思ふ（『万葉集』⑳四四九九）

おわりに

以上、奈良時代の文法について述べてきた。紙数の都合で扱えなかった事項も残るが、ここでとりあげた已然形単独から接続助詞を付加した条件表現への移行や、形容詞語幹が担った種々の用法の各活用形への移行、格助詞の整備・拡張等々は、奈良時代から平安時代へと、古代語の文法が整備されていくプロセスとして捉えられる。ただ、この時代のことばの調査が、歌集である『万葉集』に多く依っていることも、忘れてはなるまい。量的には少ないものの、和歌以外の資料への目配りも、今後はより必要になっていくであろう。

註

(1)已然形に「や」が後接した場合は、そこで終止して反語の意を表す用法なども見られ、簡単に「已然形＋ば＋や」に置き換え可能なものとは解せない。助詞が後接したケースも含め、已然形の諸用法については、佐佐木隆（二〇〇三）の第Ⅴ部に詳しく記述されている。

(2)「つ」「ぬ」を含む完了や過去の助動詞をめぐる研究史については、鈴木泰（二〇〇九）や井島正博（二〇一一）に、詳細にまとめられている。

(3)野村剛史（一九九四）は、「ぬ」と「り」「たり」の違いについて、「ぬ」は「完了による変化の意識優勢」（三九ページ）、「り」「たり」は「完了後の存在・状態の意識優勢」（三九ページ）と整理している。

(4)四段活用の場合、i＋aから転じたeには、命令形語尾のeと同じく、甲類の万葉仮名が使用されており、已然形語尾のeと共通の、乙類の万葉仮名は使用されていない。そのため、接続に関しては、「り」は四段活用動詞の命令形に付くという説明にもなるが、これは右に述べた事情によるもので、命令形のはたらきから考えると、存続の意を表す助動詞の後接は奇妙であろう。

(5)「が」「の」のほかに、奈良時代の連体助詞として「水《み》な門《と》（＝港）」「目《ま》な子《こ》（＝眼）」等の「な」や、「沖つ波」「庭つ鳥」等の「つ」があるが、前者は既に特定の語にしか用いられなくなっており、後者も固定化の傾向が認められる。

(6)従属節など特定の環境において、「が」「の」が主格表示に用いられる点に関しては、連体助詞としての「が」「の」を起点とし、例えば「君が道」かつ「行く道」といった、「名詞＋が／の」と活用語連体形による同一対象への連体修飾としての「君が行く道」から、「が」「の」の前接名詞と活用語連体形との主述関係が把握され、「が」「の」が主格を表す助詞として認識されていったと見る大野晋（一九七七）や、この分析の有効性を認めながらも、条件節などの非連体形述語の主格表示に対しては納得できる説明にならないことから、連体用法に限らず、広く前接語を後続の語と結びつけて一体化させる性質を「が」「の」に認め、そこから主格表示への展開を考える野村剛史（一九九三）などが注目される。

参考文献（本文でふれたものに限る）

石田春昭（一九三八）「コソケレ形式の本義（上）（下）」『国語と国文学』一六－一二・一六－一三

井島正博（二〇一一）『中古語過去・完了表現の研究』ひつじ書房

井手　至（一九八一）「助動詞として追加すべき上代語「みゆ」について」『人文研究』（大阪市立大学）三三－一（『遊文録　国語史篇一』和泉書院、一九九五に「上代語

「みゆ」の助動詞的性格」として再録)
大野 晋(一九七七)「主格助詞ガの成立(上)(下)」『文学』四五―六・四五―七
大野 晋(一九九三)『係り結びの研究』岩波書店
小田 勝(二〇一五)『実例詳解古典文法総覧』和泉書院
此島正年(一九七三)『国語助動詞の研究』桜楓社
近藤泰弘(一九八〇)「助詞「を」の分類―上代―」『国語と国文学』五七―一〇(『日本語記述文法の理論』ひつじ書房、二〇〇〇に加筆のうえ再録)
佐佐木隆(二〇〇三)『上代語構文論』武蔵野書院
白藤禮幸(一九八七)『奈良時代の国語』東京堂出版(国語学叢書2)
鈴木泰(二〇〇九)『古代日本語時間表現の形態論的研究』ひつじ書房
築島裕(一九六九)『平安時代語新論』東京大学出版会
野村剛史(一九九三)「上代語のノとガについて(上)(下)」『国語国文』六二―二・六二―三
野村剛史(一九九四)「上代語のリ・タリについて」『国語国文』六三―一
野村剛史(一九九五)「カによる係り結び試論」『国語国文』六四―九
山口佳紀(一九八六)『古代日本語文法の成立の研究』有精堂
山田孝雄(一九〇八)『日本文法論』宝文館出版
山本俊英(一九五五)「形容詞ク活用・シク活用の意味上の相違について」『国語学』二三
吉永登(一九七〇)「已然形についての一・二の問題」『国文学』(関西大学)四四

本章で使用したテキストは以下による。『万葉集』=『萬葉集本文篇』(塙書房)、『古事記』『日本書紀』=新編日本古典文学全集(小学館)、『仏足石歌』=日本古典文学大系『古代歌謡集』(岩波書店)、『続日本紀宣命』=『続日本紀宣命校本・総索引』(吉川弘文館)。

引用に際しては、宛て漢字、仮名遣い、句読点など、私意によったところがある。

索　　引

サ　行

タ　行

ナ　行

ハ　行

マ　行

ヤ　行

ラ 行

ワ 行

編著者略歴

沖森卓也《おきもりたくや》

1952年　三重県に生まれる
1977年　東京大学大学院人文科学研究科
　　　　国語国文学専門課程修士課程修了
現　在　立教大学名誉教授
　　　　博士（文学）

日本語ライブラリー
奈良時代の日本語

定価はカバーに表示

2024年11月1日　初版第1刷

編著者　沖　森　卓　也
発行者　朝　倉　誠　造
発行所　株式会社　朝　倉　書　店
東京都新宿区新小川町 6-29
郵便番号　162-8707
電　話　03（3260）0141
FAX　03（3260）0180
https://www.asakura.co.jp

〈検印省略〉

大日本法令印刷

ISBN 978-4-254-51692-0　C 3381　Printed in Japan

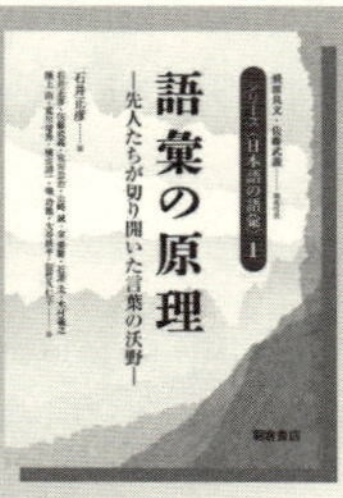

シリーズ〈日本語の語彙〉1 語彙の原理 ―先人たちが切り開いた言葉の沃野―

石井 正彦 (編)

A5 判／208 頁　978-4-254-51661-6 C3381　定価 4,070 円（本体 3,700 円＋税）

第 2 巻以降に先立ち，記述を理解するうえで前提となる，語彙と語に関わる諸分野・諸方面の原理的な事柄を示す。〔内容〕語彙の本性：理論・分類・体系・組織・構造，語彙の動態：運用・創造・変化・交流，語彙の営為：獲得・教育・流通・批判

シリーズ〈日本語の語彙〉2 古代の語彙 ―大陸人・貴族の時代―

佐藤 武義 (編)

A5 判／196 頁　978-4-254-51662-3 C3381　定価 4,070 円（本体 3,700 円＋税）

大陸の影響の下に育った日本古代の語彙が，独自のことばとして自立し広がる様相を探る。[内容] 日本書紀，風土記，音義書，古辞書，古今和歌集，枕草子，源氏物語，栄花物語，日本霊異記，御堂関白記，今昔物語集，古本説話集

日本語ライブラリー 日本語史概説

沖森 卓也 (編著) ／陳 力衛・肥爪 周二・山本 真吾 (著)

A5 判／208 頁　978-4-254-51522-0 C3381　定価 2,860 円（本体 2,600 円＋税）

日本語の歴史をテーマごとに上代から現代まで概説。わかりやすい大型図表，年表，資料写真を豊富に収録し，これ 1 冊で十分に学べる読み応えあるテキスト。〔内容〕総説／音韻史／文字史／語彙史／文法史／文体史／待遇表現史／位相史／他

日本語ライブラリー 日本漢文を読む ［古代編］

沖森 卓也・山本 真吾 (編著)

A5 判／160 頁　978-4-254-51610-4 C3381　定価 3,190 円（本体 2,900 円＋税）

日本文化を知る上で重要な日本漢文について各時代の特徴を概観し主要作品を通読。〔内容〕総説／上代（記紀万葉，漢詩文集，史書・法制書）／中古（漢詩文集，説話，軍記，仏教思想，伝記，紀行，公家日記，往来物，史書・法制書，文書）

日本語文法百科

沖森 卓也 (編)

A5 判／560 頁　978-4-254-51066-9 C3581　定価 13,200 円（本体 12,000 円＋税）

日本語文法を, 学校文法を入口にして初歩から専門事項に至るまで用例を豊富に盛り込みつつ体系的に解説。〔内容〕総説（文法と文法理論, 文法的単位）／語と品詞（品詞, 体言, 名詞, 代名詞, 用言, 動詞, 形容詞, 形容動詞, 副詞, 助動詞, 助詞, 等）／文のしくみ（文のなりたち, 態とその周辺, アスペクトとテンス, モダリティ, 表現と助詞, 従属節, 複合辞）／文法のひろがり（待遇表現, 談話と文法, 文法の視点, 文法研究史, 文法の変遷, 日本語教育と日本語文法）

上記価格は 2024 年 9 月現在